AF094141

www.ingramcontent.com/pod-product-compliance
Lightning Source LLC
LaVergne TN
LVHW020450070526
838199LV00063B/4907

9789358725605

شخصیت سازی کی اہمیت

(مضامین)

مرتب:
سید حیدرآبادی

© Taemeer Publications LLC

Shakhsiat Saazi ki Ahmiyat
by: Syed Hyderabadi
Edition: February '2024
Publisher :
Taemeer Publications LLC (Michigan, USA / Hyderabad, India)

ISBN 978-93-5872-560-5

مصنف یا ناشر کی پیشگی اجازت کے بغیر اس کتاب کا کوئی بھی حصہ کسی بھی شکل میں بشمول ویب سائٹ پر
اَپ لوڈنگ کے لیے استعمال نہ کیا جائے۔ نیز اس کتاب پر کسی بھی قسم کے تنازع کو نمٹانے کا اختیار
صرف حیدرآباد (تلنگانہ) کی عدلیہ کو ہوگا۔

© تعمیر پبلی کیشنز

کتاب	:	**شخصیت سازی کی اہمیت** (مضامین)
مرتبہ	:	**سید حیدرآبادی**
صنف	:	غیر افسانوی نثر
ناشر	:	تعمیر پبلی کیشنز (حیدرآباد، انڈیا)
سالِ اشاعت	:	۲۰۲۴ء
صفحات	:	۱۱۲
سرورق ڈیزائن	:	تعمیر ویب ڈیزائن

فہرست

تعارف: شخصیت سازی کیسے ہو؟		6	
(۱)	شخصیت سازی، عوامل اور اثرات	سرفراز حسین نقوی	9
(۲)	شخصیت کے ارتقاء میں چند اہم عوامل: ایک جائزہ	شیخ اکرم	16
(۳)	شخصیت کا ارتقاء اور اس کے ذرائع	لئیق اللہ خاں منصوری	36
(۴)	شخصیت کی تعمیر سازی	اقصیٰ قیوم	45
(۵)	شخصیت سازی اور تعمیر جہاں تعلیم کا بنیادی مقصد	ڈاکٹر حسن رشید	49
(۶)	عورت کی شخصیت سازی کی اہمیت	سنیہ عدنان	55
(۷)	نئی نسل کی کردار سازی کیسے؟	پروفیسر احمد سجاد	60
(۸)	شخصیت سازی میں مطالعہ انتہائی اہم	شبیر احمد بٹ	69
(۹)	ادب اور شخصیت	ممتاز حسین	72
(۱۰)	تعمیرِ شخصیت اور اسلامی تعلیمات	محمد عمر فاروق قریشی	88
(۱۱)	اسلام میں اچھے کردار کی اہمیت	اریبہ عامر	94
(۱۲)	شخصیت کے ارتقاء میں قرآن کا کردار	محمد فراز احمد	98
(۱۳)	سورۃ فاتحہ میں اعلیٰ انسانی کردار کی تشکیل...	ڈاکٹر نعیم انور نعمانی	106

شخصیت سازی کیسے ہو؟

پرسنلٹی یعنی شخصیت کی اہمیت کے سبھی معترف ہیں۔ اس کی بناء پر کتنے افراد فوراً دوسروں کو اپنی طرف متوجہ کر لیتے ہیں۔ انہیں زندگی کی ہر سطح پر پذیرائی ملتی ہے، جبکہ ایسے ہی کتنے لوگ ہمارے ارد گرد موجود ہیں۔ جنہیں ہم روز دیکھتے ہیں اور سرسری انداز سے دیکھ کر رہ جاتے ہیں۔ انہیں نظر انداز کر دیا جاتا ہے۔

یہاں سوال یہ پیدا ہوتا ہے کہ ایسی آخر کون سی چیز ہے جو مقناطیسیت کا باعث ہوتی ہے۔ ماہرین کا کہنا ہے کہ شخصیت دراصل فرد کے اندر سوجھ بوجھ کے عنصر کی موجودگی کا دوسرا نام ہے۔ جس سے یہ پتہ چلتا ہے کہ طبیعت میں کس قدر استحکام۔ کتنا سکون، کتنا توازن ہے، وہ کس حد تک یقینی اور اتفاقی معاملات سے نمٹنے کی صلاحیت رکھتا ہے۔ وہ کس حد تک دوسروں کا اپنی طرف راغب کر سکتا ہے۔

شخصیت بازی جیتنے والی چیز ہوتی ہے۔ فتح یاب ہونے والی چیز ہوتی ہے۔ مگر یہ سمجھ لینا کہ "میرے پاس قد، نہیں، یا صحت نہیں یا رنگ نہیں یا صورت نہیں، لہذا میں کوئی شخصیت نہیں، ایک غلط سوچ ہے۔ حقیقتاً ایک مقناطیسی شخصیت کے لئے ان چیزوں کی اہمیت ثانوی ہوتی ہے۔ بنیادی نہیں۔ نپولین کے پاس قد نہیں تھا۔ وہ ایک چھوٹے قد کا آدمی تھا مگر ایک طاقتور شخصیت تھا۔ لارڈ بائرن ایک پیر سے لنگڑا تھا مگر وہ ایک طاقت ور

شخصیت رکھتا تھا۔ مثالیں بہت سی ہیں۔ ایک یا چند جسمانی عیوب سے شخصیت کا کوئی تعلق نہیں۔ یہ کہیں بکتی نہیں کہ خرید لائی جائے۔ ہاں یہ ضرور ہے کہ چند چیزیں شخصیت کو خراب کر دیتی ہیں۔ مثلاً بے تکا لباس، برا اندازِ گفتگو، ناپسندیدہ اخلاق وغیرہ۔

آخر وہ کون کون سی باتیں ہیں جن کے ذریعے کوئی اپنی شخصیت کو بنا سکتا ہے؟ کیا بہتر شخصیت کا حصول بہت مشکل ہے؟ یہ سوالات فوری طور پر ذہن میں ابھرتے ہیں۔۱۔ بے شک اچھی شخصیت کی تعمیر ہر شخص کر سکتا ہے۔۲۔ جی ہاں ، شخصیت کو ابھارنے کے ذرائع موجود ہیں۔۳۔ جی ہاں ، یہ دروازہ ہر شخص کے لئے کھلا ہوا ہے۔ جو کوئی چاہے اپنی شخصیت میں قوت پیدا کر سکتا ہے۔ ہم اپنی شخصیت ایسے بنا سکتے ہیں۔ صحت کی بہتری کے ساتھ چہرے میں بھی دلکشی ابھرتی ہے۔ آواز اور لب و لہجے کو بھی بدلنا آدمی کے اختیار میں ہوتا ہے، دراصل یہ کھیل اس میں شستگی پیدا کرنا ہوتا ہے، اسکے کھردرے پن کو ہموار کرنا ہر ایک کے اختیار میں ہوتا ہے۔ گفتگو کا سلیقہ لوگوں کو سن کر انکے نقل کرنے سے آسکتا ہے۔

اخلاق آدمی اپناتا ہے اور ترک بھی کرتا ہے۔ یہ کوئی قدرتی چیز نہیں ہوتی۔ اس لئے یہ آپ کے اختیار کا معاملہ ہوتا ہے۔ نشست و برخاست میں خوبی بھی ہوتی ہے اور بے ہودگی بھی۔ یہ معاملہ آپ کی اپنی اپنائی ہوئی روش کا ہے۔ اسے کوئی بھی ترک کر سکتا ہے۔ اور اس کی جگہ اچھی روش اختیار کی جاسکتی ہے۔ لباس کا مسئلہ بھی اسی نوعیت کا ہے۔ بے تکا لباس کیسا ہوتا ہے؟ یہ بتانے کی ضرورت نہیں۔ کامیاب لوگوں کے لباس پر نظر

ڈالیں۔ آپ کو اپنے مسئلہ کا حل مل سکتا ہے۔ صفائی ستھرائی کو اپنا معمول بنائیے۔ شخصیت بنانے کا سارا انحصار خود آپ کی سوچ، عمل اور لگن پر ہوتا ہے جو لوگ سچ مچ زندگی میں خود کو اہم بنانے کی خواہش رکھتے ہیں وہ عمل کے ذریعے اس میں کامیاب ہو جاتے ہیں۔ صرف کسی بات کو جان لینے سے کام نہیں چلتا، معلومات کے مطابق اقدامات کرنا ضروری ہوتا ہے۔ علم عمل کے بغیر ادھورا ہوتا ہے۔ اس نکتے کو نظر انداز نہ کریں۔ اگر آپ نے اس میں کامیابی حاصل کر لی تو کوئی وجہ نہیں کہ آپ با مراد نہ ہوں۔

(۱) شخصیت سازی، عوامل اور اثرات

سید سرفراز حسین نقوی

عموماً ہمارے ہاں معاشرتی اور اخلاقی موضوعات پر بات کم ہوتی ہے، اگر ہوتی بھی ہے تو اس کی نشر نہ ہونے کے برابر ہے۔ بہرحال ان موضوعات پر بات کرنا اور ان موضوعات کی تعلیم ہمارے معاشرے کی روٹی، کپڑا، مکان، روزگار کے ساتھ اشد ضرورت ہے۔ معاشرے میں روٹی، کپڑا، مکان اگر میسر ہو بھی جائے اور اخلاقیات کا فقدان موجود رہے تو کبھی بھی معاشرے میں امن و سکون نہیں آ سکتا۔ روزگار سے اخلاقیات نہیں آ سکتی اس کا واحد ذریعہ تعلیم و تربیت ہے۔ لہٰذا اہل علم و دانش کی تحریروں اور تقریروں سے مستفید ہونیکے ساتھ ساتھ انہیں نشر بھی کرنی چاہیں۔ ہماری یہ حقیر سی کاوش اہل علم و دانش سے سیکھی باتوں کا ثمر ہے۔ لہٰذا یہ کافی نہیں، بلکہ اس موضوع پر تواتر سے بات اور ترویج کی ضرورت ہے۔ بہرحال ہم موضوع کی طرف آتے ہیں۔ اس موضوع کو اگر تمہید اور پھر تفصیل کی صورت میں پیش کیا جائے، تو کالم کے ظرف سے کافی وسیع ہو جائے گا۔ مختصراً بیان کرتے ہوئے عرض ہے کہ انسان کی شخصیت سازی میں کچھ عوامل کارفرما ہیں۔ ان تاثیر گزار عوامل مین سب سے پہلے معاشرے کا ذکر کریں گے، البتہ یہ بحث باقی ہے کہ فرد معاشرے پر اثرانداز ہوتا ہے یا پھر معاشرہ فرد پر۔ بہرحال یہ ایک مسلم حقیقت ہے کہ معاشرہ اعلیٰ انسانی صفات کی تعمیر میں اثرانداز ہوتا ہے۔

معاشرہ انسانی سیرت کا تعین کسی حد تک کرتا ہے، انسان کے سوچنے کے انداز کو، انسان کے عمل کی اخلاقی عادات کو۔ اس بات کو سمجھنے کیلئے ایک مثال پیش خدمت ہے۔ کوئی بھی شخص بازار میں اپنے کپڑے اور جوتے خریدتے وقت ایک ہی چیز کو مدِ نظر رکھتا ہے کہ میں کیسا لگوں گا۔ اگر ہم غور کریں تو یہ حقیقت واضح ہو جائے گی کہ انسان دراصل اپنے ساتھ رہنے والے لوگوں کو متاثر کرنے کا سوچتا ہے یا دیکھتا ہے کہ آج کل لوگ کس قسم کے سوٹ اور جوتے پہنتے ہیں۔ یہ ظاہر کرتا ہے کہ انسان کی سوچ دوسرے افراد کی پسند ناپسند سے متاثر ہے اور سوچ ہی عمل میں بدلتی ہے اور عمل سے ہی شخصیت کی تعمیر ہوتی ہے۔ ماحول سے نہ صرف انسان کا رہن سہن متاثر ہوتا ہے، بلکہ عقائد و نظریات بھی ہوا کی طرح رخ بدلتے رہتے ہیں. اگر معاشرہ بہتر ہو گا اس میں پروان چڑھنے والے افراد بھی اچھے ہوں گے۔ بد قسمتی سے ہمارا معاشرہ اخلاقی گراوٹ کا شکار ہے، جہاں بد عنوانی، رشوت، بد اخلاقی، عدم احترام، دھوکہ، غلط بیانی، جھوٹ اپنے عروج پر ہے۔ جبکہ خوش اخلاق، ہمدردی، ایثار، احترام، سچ جیسی صفات ڈھونڈنے سے بھی نہیں ملتی، آج کا معاشرہ حضرت علی علیہ السلام کے اس فرمان کا عکاس ہے کہ لوگوں پر ایک زمانہ آنے والا ہے، جب صرف لوگوں کے عیوب بیان کرنے والا مقرب بارگاہ ہوا کرے گا اور صرف فاجر کو خوش مزاج سمجھا جائے گا اور صرف منصف کو کمزور قرار دیا جائے گا، لوگ صدقہ کو خسارہ صلہ رحم کو احسان اور عبادت کو لوگوں پر برتری کا ذریعہ قرار دیں گے۔

اس معاشرہ میں انسان سازی مشکل، البتہ حیوان سازی آسان ہے۔ بہر حال اگے بڑھتے ہیں، سکول بھی شخصیت سازی میں اہم کردار ادا کرتا ہے، پانچ سے چھ سال کی عمر سے بچہ زندگی کا بڑا اور ابتدائی حصہ سکول میں گزارتا ہے۔ سکول دراصل تعلیم و تربیت کا بہترین ذریعہ سمجھا جاتا ہے۔ عمر کے اس حصے میں سیکھنا بہت آسان ہوتا ہے. لہزا عمر کے

اس حصے میں تعلیم و تربیت عمارت کی بنیاد رکھنے کے مانند ہے۔

یہ فیضان نظر تھا یا مکتب کی کرامت تھی

سکھائے کس نے اسمٰعیل کو آداب فرزندی

لیکن بد قسمتی سے ہمارے ہاں بچے کو رٹہ لگوا کر زیادہ نمبر گیم میں جیتنے کی کوشش تو کی جاتی ہے، مگر اخلاقیات کا ایک باب بھی نہیں کھولا جاتا۔ کتابوں کی تحریر کہ ایک ایک لفظ کو تو ذہن نشین کروایا جاتا ہے، مگر اخلاقی قدروں کا تعارف بھی نہیں ہوتا، پڑھا لکھا تو بن جاتا ہے مگر انسان نہیں۔ لہذا اسکول مالکان کا کاروبار تو چمک جاتا ہے، مگر معاشرے کا مستقبل تاریکی سے باہر نہیں آتا۔ اکثر دیکھنے کو ملے گا، کالجز سے باہر قوم کا مستقبل سگریٹ کے کش لگاتا ہے۔ بس، رکشہ گاڑی والوں سے الجھتا ہے، ایک دوسرے کا گریبان چاک کر کے طاقت کے جوہر دیکھاتا ہے۔ اگر ہم اس خوش فہمی میں ہیں کہ چلیں تعلیم میں تو بچے اچھے رہتے ہیں، رٹہ لگا کر اچھے مارکس لیتے ہیں اور اچھی نوکری مل جاتی ہے، تو جناب دنیا میں پڑھائی کا مقصد بالکل یہ نہیں اور یہی وجہ ہے، ہم ریسرچ کے میدان میں بہت پیچھے ہیں، یہ الگ موضوع ہے۔ اب ہم بات کریں گے گھر کی۔

بچہ کی اولین تربیت گاہ ماں کی گود اور گھر کا ماحول ہے۔ والدین کی عادات بچے کی شخصیت سازی کیلئے زمینہ فراہم کر رہی ہوتی ہیں۔ جس طرح گھر کا ماحول ہو گا، بچے کی تربیت بھی اسی طرز کی ہو گی۔ گھر میں لائبریری ہو گی تو بچہ کا رجحان تمام عمر کتب بینی کی طرف ہو گا۔ والد سگریٹ پیئے گا تو بیٹا بھی پیئے گا۔ گھر میں جھوٹ بولا جائے گا تو اولاد بھی جھوٹ بولے گی۔ گھر میں بد اخلاقی ہو گی تو اولاد میں بداخلاقی ہو گی۔ نا صرف یہ بلکہ یہ بات مسلم الثبوت ہے کہ حلال و حرام رزق کا بھی انسان سازی میں عمل دخل ہے۔ ایک مثال سے اس بات کی وضاحت کرتے ہیں۔ بیان ہوا کہ ایک عالم دین کی خدمت میں

ایک شخص اپنی مشک سمیت حاضر ہوا، تو عالمِ دین کے بیٹے نے مشک میں سوراخ کر دیا اور تمام پانی ضائع ہو گیا۔ اس شخص نے مولانا صاحب کے حضور بچہ کی حرکت کی شکایت کی، تو مولانا صاحب معذرت کے بعد سوچ میں پڑ گئے کہ بالآخر میں نے کونسا ایسا کام کیا ہے کہ جس کی وجہ سے بیٹے نے یہ حرکت کی۔

مولانا صاحب کسی نتیجے پر نہ پہنچے، تو انہوں نے اس کا ذکر اپنی بیوی سے کیا اور ان سے دریافت کیا کہ کیا کبھی انہوں نے کوئی ایسا کام کیا ہے جس کا اثر بچے کی تربیت پر پڑا ہے، تو کافی سوچ بچار کے بعد محترمہ نے کہا یاد آیا....... میں نے ایک دفعہ پھل خریدنے کی نیت سے پھل فروش کی اجازت کے بغیر نوکیلی چیز کے ذریعے پھل کا ذائقہ چکھنے کی خاطر کچھ حصہ لیا تھا۔ یقیناً اس عمل کا اثر ہو گا۔ تو ثابت یہ ہوا کہ گھر میں لایا جانے والا رزق بھی انسان سازی میں اثرانداز ہوتا ہے۔ پس انسان سازی میں گھر کا بڑا عمل دخل ہے۔ بحیثیت یونیورسٹی کے طالب علم میرے مشاہدے میں یہ حقیقت بھی ہے کہ یونیورسٹی کا ماحول بھی انسان سازی پر گہرا اثر رکھتا ہے۔ یونیورسٹی میں داخلہ کے بعد انسان کا لباس، اخلاق، رہن سہن یکسر تبدیل ہو جاتا ہے۔ یہ سب کچھ یونیورسٹی کے ماحول کی بدولت ہے۔ یونیورسٹی انسانی زندگی میں اس لیے بھی اہم ہے کہ عمر کہ اس حصے میں نوجوان اپنے بارے میں فیصلہ کرنے مکمل آزادی رکھتا ہے۔

اگر اس موقع پر اسے بد اخلاقی، بد عنوانی، رشوت اور اس جیسے دیگر برائیوں کے نقصانات منطقی لحاظ سے سمجھا دیا جائے اور ایسا ماحول بھی دیا جائے تو بعید نہیں کہ معاشرہ بدل جائے۔ ماحول کے عنوان سے یہ سوچ ذہن میں آتی تھی کہ اگر پچاس فیصد یا اس سے بھی کم لڑکیاں حجاب کرنا شروع کر دیں تو باقی بغیر تبلیغ کے باحجاب ہو جائیں گیں۔ مشکلات کا سامنا کرنا، اپنے حق کے لیے آواز بلند کرنا، دوسروں کے ساتھ وقت گزارنا... یہ سب

نوجوان ھاسٹل میں گزارے دنوں سے سیکھتا ہے۔ اگر یوں کہا جائے تو بے جانہ ہو گا کہ فارغ التحصیلان کے پاس ڈگری تو ایک جیسی ہوتی ہے مگر شخصیت مختلف۔

سوال یہ اٹھتا ہے کہ بالغرض اگر انسان ان تمام ذرائع سے اپنے آپ کو سنوار نہ سکے تو اور بھی ذرائع ہیں جن سے انسان اپنی شخصیت کی تعمیر کر سکتا ہے۔ تو جواب میں چند گزارشات پیش خدمت ہیں۔ علماء نے قرآن و سنت کی رہنمائی میں اخلاقی بیماریوں کی نشاندہی کی ہے اور ان کا علاج بھی تجویز کیا ہے۔ اگر ہم شخصیت سازی کو ایک جملہ میں بیان کرنا چاہیں تو یہی کہا جائیگا کہ نفس کی آراستگی... بعض افراد تو نفس کی آراستگی کی خاطر مشقیں بھی کرتے ہیں۔ مثلاً قبرستان چلے جانا، ہسپتال کا دورہ کرنا اور اپنے مقام مرتبے سے کم حثیت والے کام انجام دینا، تاکہ عبرت حاصل کی جائے اور غرور جیسی بری صفت کا خاتمہ اور عاجزی وانکساری جیسی اعلی صفات کو پروان چڑھایا جائے۔ شیطانی صفات سے دوری اور الٰہی صفات کو اختیار کیا جاسکے۔ غصہ پہ قابو پانا ایک اعلیٰ صفت ہے، غصہ کی حالت میں انسان عقل سے عاری ہو جاتا ہے۔ حق پہ ہونے کہ باوجود اپنا موقف بیان نہیں کر سکتا، دلیل کھو بیٹھتا ہے، غلط فیصلے کرتا ہے، دوسروں کی نظر میں اپنے مقام و مرتبہ کو کم کرتا ہے۔

معاشرے میں دیکھا جائے تو بہت سے جانی و مالی نقصانات کے پیچھے ایک ہی محرک ہے غصہ۔ اگر غصہ پہ قابو پالیا جائے تو انسانی شخصیت نکھرتی ہے، تحمل اور بردباری ایجاد ہوتی ہے، سوچنے، سمجھنے اور سمجھانے کی صلاحیت بڑھتی ہے، لوگوں میں احترام بھی بڑھتا ہے۔ جھوٹ... مجھے اس واقعہ کی سند کا نہیں پتا، البتہ سنا کرتے تھے کہ ایک بندہ رسول خداؐ کی خدمت میں پیش ہوا اور عرض کیا کہ حضورؐ مجھے آپ ایسی ہدایت کریں جس کی وجہ سے میں تمام گناہوں سے پاک ہو جاؤں تو رسولِ خداؐ نے فرمایا کہ جھوٹ بولنا چھوڑ دو....

تو وہ شخص جب بھی کوئی گناہ کا سوچتا تو یہی بات اسے گناہ کرنے سے روک لیتی کہ رسول خداؐ نے پوچھ لیا، تو کیا کہوں گا جھوٹ تو بول نہیں سکتا۔ بالآخر اس نے تمام گناہوں سے جان چھڑوالی۔ جبکہ جھوٹ سے شخص کا مقام و مرتبہ، عزت و احترام کم ہوتا ہے۔ ایک جھوٹ کو چھپانے کے لئے مزید جھوٹ بولتا ہے اور یہ سلسلہ پھر پوری زندگی چلتا ہے اور بلا آخر غلط بیانی دھوکہ دہی، اس کی زندگی کا حصہ بن جاتی ہے، جس سے پھر جان چھڑانا مشکل ہو جاتا ہے۔

یہ بات تسلیم شدہ ہے کہ جو شخص جھوٹ نہیں بولتا وہ نڈر، بے خوف اور مستحکم شخصیت کا حامل ہوتا ہے۔ اُس پر لوگ اعتماد کرتے ہیں اور سچ بولنے والا شخص کبھی بھی زندگی میں ناکام نہیں ہو سکتا۔ حسد بھی ایک ایسی بیماری ہے، جس سے انسان صرف اپنا نقصان کرتا ہے۔ حسد کا اثر انسان کے جسم و روح دونوں پر اثر انداز ہوتا ہے۔ حسد سے کبھی کامیابی نہیں ہوتی، بلکہ ہدف کو حاصل کرنے کا حوصلہ کم، اچھی تدبیر کرنے میں ناکامی اور مواقع کے استفادہ کرنے کی صلاحیت کم ہوتی ہے۔ بدگمانی بھی معاشرے میں فساد کی جڑ ہے۔ معاشرے میں بیشتر اختلافات اور لڑائیوں کی وجہ بدگمانی ہے۔ ہمیشہ کمزور انسان ہی بدگمانی کا سہارا لیتا ہے۔ جبکہ باہمت لوگ اظہار خیال سے اختلافات کی جڑ کو اکھاڑ پھینکتے ہیں۔ بدگمانی غصہ اور نفرت جیسی بری صفات کو پروان چڑھاتی ہے، جو انسانی تخریب کا باعث بنتی ہیں اور شخصیت سازی کا عمل رک جاتا ہے۔

پس بدگمانی سے اجتناب خوشحال زندگی کی ضمانت ہے۔ ایثار و ہمدردی بھی آراستگی نفس کا بہت بڑا ذریعہ ہے، ایثار و قربانی انسان کو بڑا بنا دیتی ہے، ایثار قربانی سے معاشرے میں محبت پھیلتی ہے، ایثار و قربانی کا مظاہرہ کرنے والے انسان کیلئے بھی معاشرے ہمیں احترام اور حوصلہ و ہمت بڑھتا ہے، انسان میں خود اعتمادی پروان چڑھتی ہے۔ اسی طرح

درگزر اور معاف کرنے سے بھی خوداعتمادی، ذہنی اطمینان اور بردباری میں اضافہ ہوتا ہے، درگزر کرنے والا انسان خود بہت کم غلطیاں کرتا ہے۔ اسی طرح عاجزی و انکساری، مثبت سوچ، دوسروں کا احترام کرنا، دوسروں کو عزت دینا، اچھے کاموں کی دعوت دینا، بولنے میں نرمی، غیبت سے دوری۔ اگر انسان ان صفات کی مشق کرے تو وہ اُس چیز کو پالے گا جن کی تمام افراد کو تمنا ہے۔ جس کی خاطر ہر فرد تگ و دو کرتا ہے یعنی سکون۔ اور ایسا بن جائے گا کہ جب وہ کسی سے ملے تو لوگ اسے دوبارہ ملنے کی تمنا کریں اور جب دنیا سے رخصت ہو، تو لوگ اس کیلئے گریہ کریں۔

(۲) شخصیت کے ارتقاء میں چند اہم عوامل: ایک جائزہ

شیخ اکرم

شخصیت کی ایک جامع تعریف کرنا بہت مشکل ہے۔ سادہ الفاظ میں ہم یہ کہہ سکتے ہیں کہ کسی انسان کی شخصیت اس کی ظاہری و باطنی اور اکتسابی و غیر اکتسابی خصوصیات کا مجموعہ ہے۔ ان میں سے بہت سی خصوصیات مستقل ہوتی ہیں لیکن طویل عرصے کے دوران ان میں تبدیلیاں بھی پیدا ہوتی رہتی ہیں اور انہی خصوصیات کی بنیاد پر ایک شخص دوسرے سے الگ نظر آتا ہے اور ہر معاملے میں دوسروں سے مختلف رویے اور کردار کا مظاہرہ کرتا ہے۔ ان میں بعض صفات عارضی حالات کی پیداوار بھی ہوتی ہیں۔ انسان کی خصوصیات بنیادی طور پر دو قسم کی ہیں۔ ایک تو وہ ہیں جو اسے براہ راست اللہ تعالیٰ کی طرف سے ملی ہیں، یہ غیر اکتسابی یا فطری صفات کہلاتی ہیں۔ دوسری وہ خصوصیات ہیں جنہیں انسان اپنے اندر یا تو خود پیدا کر سکتا ہے یا پھر اپنی فطری صفات میں کچھ تبدیلیاں پیدا کر کے انہیں حاصل کر سکتا ہے یا پھر یہ اس کے ماحول کی پیداوار ہوتی ہیں۔ یہ اکتسابی صفات کہلاتی ہیں۔ فطری صفات میں ہمارا رنگ، نسل، شکل و صورت، جسمانی ساخت، ذہنی صلاحتیں وغیرہ شامل ہیں۔ اکتسابی صفات میں انسان کی علمی سطح، اس کا پیشہ، اس کی فکر وغیرہ شامل ہیں۔ شخصیت کی تعمیر ان دونوں طرز کی صفات کو مناسب حد تک ترقی دینے کا نام ہے۔

ظاہری و باطنی طور پر شخصیت کے باب میں ہمارے نزدیک سب سے اعلیٰ و ارفع اور آئیڈیل ترین شخصیت محمد رسول اللہ صلی اللہ علیہ وسلم کی شخصیت ہے۔ اعلیٰ ترین

صفات کا اتنا حسین امتزاج ہمیں کسی اور شخصیت میں نظر نہیں آتا۔ آپ ﷺ بحیثیت ایک انسان اس قدر عظیم و غیر معمولی شخصیت رکھتے ہیں کہ آپ ﷺ کی عظمت کا اعتراف آپ ﷺ کے مخالفین نے بھی کیا۔ دور جدید کے متعصب مغربی مفکرین نے بھی آپ کی شخصیت اور کردار کی عظمت کو کھلے لفظوں میں بیان کیا ہیں۔ مندرجہ ذیل چند نکات آپ کی شخصیت کو سنوارنے میں اہم ثابت ہوں گے۔

مقصدیت: جس آدمی نے اپنی زندگی کا ایک مقصد بنار کھا ہو، اس کی ساری توجہ اپنے مقصد پر لگ جاتی ہے۔ بامقصد آدمی کی زندگی ایک بھٹکے ہوئے آدمی کی مانند نہیں ہوتی جو سمت سفر متعین نہ ہونے کی وجہ سے کبھی ایک طرف چلنے لگتا ہے اور کبھی دوسری طرف۔ بلکہ اس کے ذہن میں راستہ اور منزل کا واضح شعور ہوتا ہے۔ اس کے سامنے ایک متعین نشانہ ہوتا ہے۔ وہ ادھر اُدھر کے مسائل میں اپنا وقت ضائع نہیں کرتا۔ وہ یکسوئی کے ساتھ اپنے مقررہ نشانے پر چلتا رہتا ہے یہاں تک کہ وہ منزل مقصود تک پہنچ جاتا ہے۔ انسان کے اندر مقصد کا شعور اُس کی چھپی ہوئی قوتوں کو جگا دیتا ہے۔ بیشتر لوگوں کا حال یہ ہوتا ہے کہ وہ اپنی قوت کو تقسیم کئے ہوئے ہوتے ہیں۔ وہ اپنے آپ کو ایک مرکز مقصد پر یکسو نہیں کرتے۔ اس لیے وہ کوئی بھی اہم مقام حاصل نہیں کر پاتے۔ ہر کام آدمی سے اس کی پوری قوت مانگتا ہے۔ وہی شخص بڑی کامیابی حاصل کرتا ہے جو اپنی پوری قوت کو اپنے مقصد کے حصول میں لگا دے۔ آدمی کے سامنے اگر کوئی واضح مقصد نہ ہو تو اس کی قوت تقسیم ہو جاتی ہے اور وہ کسی بڑی منزل کو حاصل نہیں کر پاتا۔ زندگی میں کسی بھی مقصد کو حاصل کرنے کے لیے خدا پر یقین اور بھروسہ رکھتے ہوئے مسلسل جدوجہد کی ضرورت ہوتی ہے۔

منصوبہ بندی: انسان کی ناکامی کا راز بیشتر حالات میں یہ نہیں ہوتا کہ اس کے پاس

وسائل نہ تھے، بلکہ یہ ہوتا ہے کہ وہ اپنے ممکن وسائل کو صحیح طور پر استعمال نہ کر سکا۔ اس بات کو آپ اس سادہ مثال سے سمجھ سکتے ہیں کہ کسی دیہات میں ایک صاحب نے پختہ گھر بنانے کا ارادہ کیا۔ ان کے وسائل محدود تھے۔ مگر انہوں نے اپنے تعمیری منصوبے میں اس کا لحاظ نہیں کیا۔ انہوں نے پورے مکان کی نہایت گہری بنیاد کھدوائی، اتنی گہری جیسے وہ قلعہ تیار کرنے جارہے ہوں۔ ایک شخص نے دیکھ کر کہا" مجھے امید نہیں کہ ان کا گھر مکمل ہو سکے۔ چنانچہ ایسا ہی ہوا۔ ان کی بیشتر اینٹیں اور مسالہ بنیاد میں کھپ گیا اور اوپر کی تعمیر کے لیے ان کے پاس بہت کم سامان رہ گیا۔ بمشکل دیواریں کھڑی ہو سکیں اور ان پر چھت نہ ڈالی جا سکی۔ صرف ایک کمرے پر کسی طرح چھت ڈال کر انہوں نے اپنے رہنے کا انتظام کیا۔ غیر ضروری طور پر گہری بنیادوں میں اگر وہ اینٹ اور مسالہ ضائع نہ کرتے تو ان کے پاس اتنا سامان تھا کہ مکان پوری طرح مکمل ہو جاتا۔ مگر غلط منصوبہ بندی کی وجہ سے ان کا مکان زمین کے اندر تو پورا بن گیا، مگر زمین کے اوپر صرف ادھورا ڈھانچہ کھڑا ہو کر رہ گیا۔

شوق اور ولولہ: ترقی کرنے والے اور ناکام رہنے والے انسانوں میں مہارت، قابلیت اور فہم و فراست کے اعتبار سے کچھ زیادہ فرق نہیں ہوا کرتا، صرف شوق اور ولولے کی کمی بیشی کا فرق ہوتا ہے۔ شوق اور ولولے کی اہمیت حصول کامیابی کے ضمن میں اتنی زیادہ ہے کہ اگر دو ایسے افراد جو ایک ہی میدان میں ترقی کی دوڑ لگا رہے ہوں باقی سب باتوں کے لحاظ سے ایک دوسرے کے مساوی یا ہم پلہ ہوں تو ان میں سے وہ فرد ترقی کی منزل پر پہلے پہنچے گا جس میں مقصد کے حصول کے تئیں زیادہ شوق اور ولولہ ہو گا۔ شوق کا مطلب صرف چاؤ نہیں ہے ، اس کا حقیقی مطلب ترقی کے ضمن میں یہ ہے کہ ایک شخص کو اپنے کام سے گہرا دلی لگاؤ ہو، خواہ یہ کام مٹی کھودنا ہو یا کسی بڑے کاروباری

ادارے کی سربراہی کرنا وغیرہ۔ وہ انسان جو اپنا کام کرنے کا شوق رکھتا ہو، اس کے لیے کٹھن سے کٹھن کام بھی ایک کھیل بن جاتا ہے اور یہ کام انتہائی محنت طلب ہونے کے باوجود اس کے لیے آسان ہو جاتا ہے۔ اس مزاج اور افتاد کے انسان کے لیے کامیابی ہمیشہ چشم براہ رہے گی اور وہ ضرور ترقی کرلے گا۔ تمام کامیاب انسانوں میں خواہ انہوں نے صابن سازی کے ذریعے ترقی کی ہو یا کوئی شاہکار تخلیق کرکے کامیابی حاصل کی ہو، ایک صفت مشترک ہے، وہ شوق (مقصد یا کام کے تئیں دلی لگاؤ) رکھتے تھے اور انہوں نے ولولے سے کام کیا۔ تجربہ شاہد ہے کہ وہ شخص جو ولولے اور شوق سے کام کرتا ہے اپنی کارگزاری میں جان ڈال دیتا ہے۔ آپ خود کو ہر لمحہ یہ حقیقت محسوس کراتے رہئے کہ شوق اور ولولہ ہر اس انسان کے سامان سفر کا ایک لازمی حصہ ہے جو عزائم رکھتا ہو ایسے آدمی کے لیے کٹھن سے کٹھن کام بھی آسان ہو جاتا ہے۔ جوش اور ولولہ کا ایک منفی پہلو بھی ہے اور وہ یہ ہے کہ بعض لوگ جوش میں تمام حدود کو پار کر جاتے ہیں اور کسی چیز کی پرواہ نہیں کرتے، جب بھی ہم پر کسی کام کو جوش سوار ہو تو اسے شروع کرنے سے قبل اس کے تمام مثبت و منفی پہلوؤں کا جائزہ لینا چاہئے اور جب اسے شروع کرلیں تو پھر اس پر استقامت کے ساتھ عمل کرنا چاہئے۔

ٹائم مینجمنٹ :زندگی کیا ہے؟ صرف "وقت"! پس اگر ہم اس کو ضائع کرتے ہیں تو گویا زندگی برباد کرتے ہیں۔ وقت کسی آدمی کا سب سے قیمتی سرمایہ ہے۔ وقت اس لیے ہے کہ آدمی اس کو استعمال کرکے اپنے کو کامیابی کا اہل بنائے۔ جو وقت آپ کو ملا ہے اس کو یا تو اپنی تیاری میں استعمال کیجئے یا اپنے مقصد کے حصول کے لیے جدوجہد میں۔ یہی وقت کا صحیح استعمال ہے۔ اگر ایسا ہے کہ آپ نہ تیاری میں لگے ہوئے ہیں اور نہ حصول

مقصد کی جد وجہد میں، تو اس کا مطلب یہ ہے کہ آپ اپنے وقت کو ضائع کر رہے ہیں۔ وقت بھاگ رہا ہے وقت کو پکڑیئے، کیونکہ وقت آپ کو نہیں پکڑے گا۔ اگر آپ اپنے منٹ کو ضائع نہ کریں تو گھنٹہ اپنے آپ ضائع ہونے سے بچ جائے گا، کیونکہ منٹ منٹ کے ملنے ہی سے گھنٹہ بنتا ہے۔ جس آدمی نے جزء کا خیال رکھا، اس نے گویا کُل کا بھی خیال رکھا، کیونکہ جب بہت سا جزء اکٹھا ہوتا ہے تو وہی کُل بن جاتا ہے۔ اگر آپ روزانہ اپنے ایک گھنٹے کا صرف پانچ منٹ کھوتے ہوں تو رات دن کے درمیان آپ نے روزانہ دو گھنٹے کھو دیا۔ مہینے میں ۶۰ گھنٹے اور سال میں ۷۲۰ گھنٹے۔ اسی طرح ہر آدمی اپنے ملے ہوئے وقت کا بہت سا حصہ بیکار ضائع کر دیتا ہے۔ وقت آپ کا سرمایہ ہے، وقت کو ضائع ہونے سے بچایئے۔

اُمید: اُمید انسان کے بنیادی جذبوں میں سب سے طاقتور ہے، کہتے ہیں دنیا کے تمام بڑے مذاہب امید کا درس دیتے ہیں۔ فتوحات اور ایجادات اُمید کے زیر اثر ہی ممکن ہوتی ہیں۔ پُرامید لوگ زیادہ مطمئن ہوتے ہیں۔ ان کے اندر بردباری آتی ہے۔ امید کا جذبہ چونکہ مستقبل سے متعلق ہوتا ہے اس لیے پُرامید لوگ نہ تو حال سے خائف رہتے ہیں نہ ماضی کے غم انہیں ڈستے ہیں۔ وہ ماضی اور حال کو فقط مستقبل میں حالات کو اپنے رخ پر موڑنے کے لیے استعمال کرتے ہیں۔ اُمید کی یہی خصوصیات اُسے دوسرے جذبات سے ممیز کرتی ہے۔ امید مستقبل بین ہے۔ وہ ہمیں آگے کی طرف دیکھنا سکھاتی ہے۔ امید ہمیں عمل پر کمربستہ کرتی ہے جبکہ ناامید شخص کی زندگی میں حقیقی سکون نہیں ملتا۔ بدقسمتی، مایوسی اور بے چینی اُن کے گرد منڈلاتی رہتی ہے۔ اسلام میں پُرامید رہنے کی تعلیم دی گئی ہے اور ناامیدی کو کفر سے تعبیر کیا گیا ہے۔ جب ایک پُرامید فرد کے کام کی مخالفت ہوتی ہے تو اُسے امید ہی سہارا دیتی ہے۔ ہم جانتے ہیں کہ ہر نبی نے ایک مدت

تک پُرامید جذبے کے ساتھ اپنی قوم کو راہِ راست پر لانے کی جدوجہد کی۔ طائف میں آپ صلی اللہ علیہ وسلم نے حضرت جبرئیل علیہ السلام کو شہر تباہ کرنے سے روک دیا تھا، اس لیے کہ آپ صلی اللہ علیہ وسلم کو امید تھی کہ طائف والوں کی آئندہ نسل ضرور اسلام قبول کرے گی۔ اور ایسا ہی ہوا۔ ناامیدی انسان کی قوت عمل کو مفلوج کردیتی ہے۔ امید انسان کو کم مائیگی اور محرومی کے احساس سے نجات دلاتی ہے۔ امید انسان کو تنزل سے نکال کر ترقی کی راہ پر گامزن کردیتی ہے۔ اللہ کے نبی ﷺ نے مسلمانوں کو پُرامید رہنے کی سب سے زیادہ تلقین کی ہے۔ امید انسان پر اتنے مثبت اثرات مرتب کرتی ہے کہ وہ انسان بھرپور طور پر اپنے دماغ کا استعمال کرنے کے قابل ہوجاتا ہے۔ بدقسمتی سے آج مسلمانوں میں مایوسی اور ناامیدی پھیلانے کی کوشش کی جارہی ہے جس کا سادہ لوح مسلمان شکار ہوکر قوت عمل سے مفلوج ہورہے ہیں۔ یاد رکھئے حالات کتنے ہی ناموافق ہوں، بحیثیت مسلمان ہمیں اُمید کا دامن ہاتھ سے نہیں چھوڑنا چاہئے اور اللہ کی ذات سے اُمید رکھنا چاہئے وہ یقیناً ہر چیز پر قادر ہے۔ امید کا سب سے بڑا سرچشمہ اللہ کی ذات ہے، ہر دوسری چیز جس سے امید قائم کی جائے کہیں نہ کہیں اس کی حد آجاتی ہے، کسی نہ کسی وقت وہ آدمی کا ساتھ چھوڑ دیتی ہے، مگر جو شخص اللہ سے اپنی امیدیں وابستہ کرلے، اس کے لیے کوئی حد نہیں۔ وہ امید کا ایسا سراپا لیتا ہے جو کسی بھی حال میں اس سے جدا نہیں ہوتا۔ شاعر مشرق علامہ اقبالؒ فرماتے ہیں

نہ ہو نااُمید 'نااُمیدی زوال علم و عرفاں ہے
اُمید مردِ مومن ہے خدا کے راز دانوں میں

مطالعہ: خوشحال زندگی کے اسباب میں ایک یہ ہے کہ تنہائی میں کتابوں کا مطالعہ کیا جائے، پڑھنے پر توجہ دی جائے اور عقل کو فائدے پہنچائے جائیں۔ مطالعہ سے تجربہ میں

اضافہ اور عقل و فہم میں بڑھوتری ہوتی ہے۔ یہ آبرو کی حفاظت اور خود کی اصلاح کا اچھا ذریعہ ہے۔ گفتگو اور بات چیت کا طریقہ آ جاتا ہے۔ زبان فصیح ہوتی ہے اور غلطیاں نہیں ہوتیں۔ فہم کو جلا ملتی اور معلومات کا ذخیرہ بڑھ جاتا ہے۔ عقل بڑھتی ہے، دل کی صفائی ہوتی ہے اور ذہن کھلتا ہے۔ لوگوں کے تجربوں، حکیموں کی حکمت اور علماء کے استنباط سے فائدہ ہوتا ہے۔ اچھی کتاب ذہن کو انتشار سے، دل کو شکست و ریخت سے اور وقت کو زیاں سے بچاتی ہے۔ ایمان میں اضافہ ہوتا ہے۔ نیز دینی و دنیوی ترقی کی راہیں کھل جاتی ہیں۔ اچھی کتاب بہترین رفیق ہوتی ہے۔ کوشش یہ کریں کہ گھر کے ایک کونے یا گھر میں کسی مناسب جگہ پر ایک لائبریری بنالی جائے جس میں چند ایسی مفید کتابیں موجود ہوں جس سے آپ اور آپ کے گھر والے سب فائدہ اٹھائیں۔ دانشمندوں کے نزدیک کتابوں کی قدر و قیمت جواہرات سے بھی زیادہ ہے۔ انسانی شخصیت کی تعمیر میں سب سے زیادہ حصہ علم کا ہے، علم کے ذریعے یہ ممکن ہوتا ہے کہ آدمی اپنی شخصیت کی توسیع کر سکے۔

ظاہری شکل و شباہت اور جسمانی صحت: دین اسلام نے جہاں انسان کی باطنی شخصیت کے تزکیے اور تطہیر کے لیے بہت سے احکامات دئے ہیں وہاں اس کی ظاہری شخصیت کو بھی بڑی اہمیت دی ہے۔ رسول اللہ صلی اللہ علیہ وسلم کی سنت کا ایک بڑا حصہ اسی پہلو سے متعلق ہے۔ چنانچہ روزانہ کم از کم پانچ مرتبہ وضو کرنا، جنسی عمل کے بعد لازماً غسل کرنا، بالوں اور ناخنوں کی تراش خراش کرنا، منہ، ناک اور کان کی صفائی کرنا، صاف ستھرا لباس پہننا، کھانے سے پہلے اور بعد ہاتھ دھونا، یہ سب وہ چیزیں ہیں جو ہزاروں سالوں سے ہمارے دین کا لازمی تقاضہ ہیں۔ "حضرت جابرؓ نے فرمایا (ایک دن) نبی صلی اللہ علیہ وسلم ہم سے ملنے کے لیے ہمارے یہاں رونق افروز ہوئے۔ آپ صلی اللہ علیہ وسلم نے دیکھا کہ ایک آدمی گرد و غبار میں اٹا ہوا ہے اور اس کے بال بکھرے ہوئے ہیں، آپ

ﷺ نے فرمایا" کیا اس کے پاس کوئی کنگھا نہیں ہے کہ یہ اپنے بالوں کو بنا سنوار لے۔" اور ایک دوسرے آدمی پر آپ ﷺ کی نظر پڑی، جس کے کپڑے انتہائی گندے تھے۔ آپ ﷺ نے فرمایا" کیا اس کو وہ چیز بھی میسر نہیں ہے جس سے یہ اپنے کپڑے دھو کر صاف کرلے۔" جسم کی صفائی کے لیے وضو اور غسل کا اہتمام کیجئے۔ جسم اور لباس اور ضرورت کی ساری چیزوں کی صفائی اور پاکیزگی سے روح کو بھی سرور و نشاط حاصل ہوتا ہے اور جسم کو بھی فرحت اور تازگی ملتی ہے اور بحیثیت مجموعی انسانی صحت پر اس کا نہایت ہی خوشگوار اثر پڑتا ہے۔" رسول اللہ صلی اللہ علیہ وسلم نے فرمایا" اللہ تعالیٰ کے نزدیک مومن کی تمام خوبیوں میں لباس کا ستھرا رکھنا اور کم پر راضی ہونا پسند ہے۔" حضور نبی کریم ﷺ میلے اور گندے کپڑوں کو مکروہ اور ناپسند جانتے تھے۔ ظاہری شکل و شباہت کے علاوہ جسمانی صحت بھی شخصیت کا اہم ترین پہلو ہے۔ اگر انسان صحت مند نہ ہو تو وہ کسی کام کو بھی صحیح طور پر انجام نہیں دے سکتا۔ اسلام نے اپنی صحت کی حفاظت کو بڑی اہمیت دی ہے اور ایسی تمام چیزوں سے روکا ہے جو صحت کے لیے نقصان دہ ہوں۔ اپنی جسمانی صحت کو بہتر رکھنے کے لیے بہترین طریقہ یہ ہے کہ حفظان صحت کے اصولوں پر سختی سے عمل کیا جائے، خوراک کے معاملے میں افراط و تفریط سے بچا جائے۔ بیماری کی صورت میں فوراً اپنا علاج کروایا جائے۔ روزانہ ہلکی پھلکی ورزش آپ کو ذہنی و جسمانی طور پر چاق و چوبند رکھتی ہے۔ صحت خدا کی عظیم نعمت بھی ہے اور عظیم نعمت بھی۔ صحت کی قدر کیجئے اور اس کی حفاظت میں کبھی لاپرواہی نہ برتیئے۔ صحت کے تقاضوں سے غفلت برتنا اور اس کی حفاظت میں کوتاہی کرنا بے حسی بھی ہے اور خدا کی ناشکری بھی۔

خوش اخلاقی: اخلاق سے مراد باہمی سلوک ہے۔ اخلاق اس برتاؤ کا نام ہے جو روزمرہ کی زندگی میں ایک آدمی دوسرے آدمی کے ساتھ کرتا ہے۔ خوش

اخلاقی دوسروں کی رعایت کرنے کا نام ہے۔ اس اخلاق کا سادہ اصول یہ ہے کہ تم دوسروں کے لیے وہی چاہو جو تم اپنے لیے چاہتے ہو، تم دوسروں کے ساتھ ویسا ہی برتاؤ کرو جیسا برتاؤ تم اپنے لیے پسند کرتے ہو۔ خوش اخلاقی ہی انسان کی وہ صفت ہے جو اسے اپنے معاشرے میں مقبول بناتی ہے۔

جس طرح چمک کے بغیر موتی کسی کام کا نہیں ہوتا اسی طرح خوش خلقی کے بغیر انسان کسی کام کا نہیں رہتا۔ جو خوش خلق نہیں اس سے کوئی بھی محبت نہیں کر سکتا۔ ہم یہ بارہا دیکھتے ہیں کہ بد اخلاق شخص کے کوئی قریب جانا بھی پسند نہیں کرتا، اور اس سے ملتے وقت کراہت محسوس کرتا ہے۔ یہ رویہ ہی ہے جو دوست اور دشمن بناتا ہے۔ بات بات پر بھڑک اٹھنا اور سخت لب و لہجہ اختیار کرنا کسی بھی معاشرے میں اچھا نہیں سمجھا جاتا۔ انسان کی زندگی اور اس کے نتائج میں اخلاق کی بڑی اہمیت ہے، اگر انسان کے اخلاق اچھے ہوں تو اس کی اپنی زندگی بھی قلبی سکون اور خوشگواری کے ساتھ گزرے گی اور دوسروں کے لیے بھی اس کا وجود رحمت اور چین کا سامان ہوگا اور اس کے برعکس اگر آدمی کے اخلاق برے ہوں تو خود بھی وہ زندگی کے لطف و مسرت سے محروم رہے گا اور جن سے اس کا واسطہ اور تعلق ہوگا ان کی زندگیاں بھی بے مزہ اور تلخ ہوں گی۔

بڑوں کا ادب اور چھوٹوں سے شفقت کرنا خیر و بھلائی اور سعادت کے دروازے کو کھول دیتا ہے۔ خود میں خوش اخلاقی پیدا کرنے کے لیے ضروری ہے کہ اپنے ذہن میں مثبت خیالات کو فروغ دیجیے۔ ہر وقت معاشرے کی خامیوں پر کڑھتے رہنا اور دوسروں کو دیکھ دیکھ کر جلنا انسان میں چڑچڑاپن اور غصہ پیدا کرتا ہے۔ اگر کسی کی کوئی خامی سامنے آ بھی جائے تو اسے نظر انداز کر کے اس کی خوبیوں پر نظر ڈالئے۔ اسی طرح معاشرے کی خامیوں کے ساتھ ساتھ اس کی خوبیوں کو بھی مد نظر رکھئے اور احسن طریقے سے اصلاح

کی کوشش کریں۔ دریا کا حسن اس کی روانی میں ہے۔ پھول کا حسن اس کی خوشبو میں ہے۔ باغ کا حسن اس کی ہریالی اور تروتازگی میں ہے۔ اسی طرح انسان کا حسن یہ ہے کہ وہ جب لوگوں سے معاملے کرے تو اس کے ہر معاملہ میں بہتر اخلاق کی شان موجود ہو۔ "حضور صلی اللہ علیہ وسلم اپنے گھر والوں اور خادموں کے ساتھ بہت خوش اخلاقی کا سلوک فرماتے اور کبھی کسی سے سرزنش اور سختی سے پیش نہ آتے، اور اس کا بڑا اہتمام فرماتے کہ کسی کو کسی قسم کی ناگواری نہ ہو، اور جب ازواج مطہرات کے پاس ہوتے تو بہت نرمی اور خاطرداری کرتے اور بہت اچھی طرح ہنستے بولتے۔ "حضرت ابوہریرہؓ سے روایت ہے کہ رسول اللہ ﷺ نے فرمایا" مسلمانوں میں زیادہ کامل ایمان اُس کا ہے جس کے اخلاق زیادہ اچھے ہیں۔"

خوش مزاجی: ماضی میں جینا، اس کے غموں اور المیوں کو یاد کرتے رہنا اور ان پر رنج کرنا ارادہ کو مضمحل اور موجودہ زندگی کو مکدر بنا دیتا ہے۔ جو گزر گیا وہ گزر گیا، نہ اس کی یاد اُسے لوٹائے گی نہ کوئی غم یا رنج و فکر اسے زندہ کر سکتی ہے۔ کیونکہ آپ دریا کو اصل کی طرف، سورج کو مطلع کی طرف اور آنسو کو آنکھ میں واپس نہیں لا سکتے۔ کھوئے ہوئے مواقع کا افسوس، گزرے ہوئے حادثات کی تلخیاں، لوگوں کی طرف سے پیش آنے والے برے سلوک کی یاد، اپنی کمیوں اور تنگی کی شکایت، غرض بے شمار چیزیں ہیں جو آدمی کی سوچ کو منفی رخ کی طرف لے جاتی ہیں۔ آدمی اگر ان باتوں کا اثر لے تو اس کی زندگی ٹھٹھر کر رہ جائے گی۔ ماضی کے سایہ میں رہنا، اسے یاد کرتے رہنا، اس کی آگ میں جلنا ایک افسوسناک اور المناک بات ہے۔ اس سے حال کی بربادی اور وقت کا ضیاع ہوتا ہے۔ ماضی کو واپس لانے پر تو جن و انس جمع ہو کر بھی قادر نہیں ہو سکتے۔ پھر ماضی کی تلخیوں کو یاد کر کے کڑھنا، افسردہ رہنا انسان کو مایوس کر دیتا ہے۔ زندگی ناخوشگواریوں سے

خالی نہیں ہوسکتی، اگر آدمی یہ جان لے کہ اس دنیا میں غم ناگزیر ہے تو وہ غم کے ساتھ رہنا سیکھ جائے گا۔ اس کو نقصان لاحق ہو گا تو وہ فریاد و ماتم نہیں کرے گا بلکہ اس سے اپنے لیے سبق کی غذا حاصل کرے گا۔ اس کی امیدیں پوری نہ ہوں گی تو وہ مایوسی میں مبتلا نہیں ہو گا۔ اس کا شعور اس کے لیے سہارا بن جائے گا کہ اس دنیا میں کسی بھی شخص کی ہر امیدیں پوری نہیں ہوتیں، چاہے وہ امیر ہو یا غریب، بادشاہ ہو یا کوئی معمولی آدمی۔

زندگی کی تلخیاں آدمی کے لیے وہی حیثیت رکھتی ہیں جو سونے چاندی کے لیے تپانے کی حیثیت ہے، تپانے کا عمل سونے چاندی کو نکھارتا ہے، اسی طرح تلخ تجربات آدمی کی اصلاح کرتے ہیں۔ تاہم غم اور ناکامی کو اپنے اوپر سوار کرلینا دانشمندی نہیں، آپ صرف ناخوشگواریوں کو بھلا کر اپنی زندگی کو خوش گوار بنانے کی کوشش کرسکتے ہیں۔ زندگی میں اصل اہمیت یہ نہیں ہے کہ کس نے کیا پایا، اصل اہمیت کی بات یہ ہے کہ وہ کیسے جیا۔

مسکراہٹ: اعتدال کے ساتھ ہنسنا مسکرانا تفکرات کے لیے تریاق اور مرہم ہے۔ قلبی شادمانی میں اس کا بڑا کردار ہے۔ چہرہ سکیڑنا اور ترش روئی اس بات کی علامت ہے کہ مزاج میں صفائی نہیں، دل میں تنگی ہے۔ مایوسی قلب اور روح کو سب سے زیادہ ترش رو بناتی ہے، لہٰذا مسکرانا چاہتے ہیں تو مایوسی سے لڑیئے، اپنے مسلمان بھائی کے سامنے مسکرانا بھی صدقہ ہے۔ مسکراہٹ میں کشش ہوتی ہے جس سے آپ کی شخصیت میں چار چاند لگ جاتے ہیں اور لوگوں کے قلوب آپ کی طرف کھنچے چلے آتے ہیں۔ آپس میں محبت کی فضاء قائم ہوتی ہے، چہرہ نکھر جاتا ہے۔ ہشاس بشاش رہنے اور مسکراتے چہرے میں نہ آپ کا کچھ بگڑے گا اور نہ ہی کچھ خرچ کرنا پڑے گا، بلکہ اسی وقت آپ دوسروں کو متوجہ بھی کرسکیں گے اور بات بھی بااثر رہے گی، اس طرح اس میں عزت بھی ہے اور اجر و

ثواب بھی۔ ہنسی کے موقع پر ہنسنا یا مسکرانا بھی انسانی فطرت کا تقاضہ ہے اور اس میں قطعاً کوئی خیر نہیں ہے کہ آدمی کے لبوں پر کبھی مسکراہٹ بھی نہ آئے۔ رسول اللہ ﷺ کی عادتِ شریفہ اللہ کے بندوں اور اپنے مخلصوں سے ہمیشہ مسکرا کر ملنے کی تھی۔ ظاہر ہے حضور ﷺ کا یہ رویہ ان لوگوں کے لیے کیسی قلبی وروحانی مسرت کا باعث ہوتا ہوگا اور اس کی وجہ سے ان کے اخلاص ومحبت میں کتنی ترقی ہوتی ہوگی۔ "حضرت جابر رضی اللہ تعالیٰ عنہ فرماتے ہیں کہ میں نے حضور اکرم صلی اللہ علیہ وسلم سے زیادہ تبسم کرنے والا نہیں دیکھا۔"

سماجی روابط: انسان اپنی ضرورتوں کی تکمیل کے لیے سماج پر انحصار کرتا ہے۔ وہ لوگوں سے تعلقات قائم کرتا ہے۔ مختلف افراد کا طرز عمل مختلف ہوتا ہے۔ بعض افراد سماج میں اچھے تعلقات قائم کرتے ہیں، ایسے لوگ جو سماج میں آپسی تعلقات قائم کرنے میں کامیاب ہوتے ہیں ان کی ایک علیحدہ پہچان ہوتی ہے۔ اپنے طرز عمل، اخلاق، صلاحیتوں اور دوسروں کے تئیں ہمدردی اور احساس اپنائیت جیسی خوبیوں کی وجہ سے ایسے افراد سماج میں ایک منفرد مقام بنالیتے ہیں۔ سماجی روابط کا خاص مقصد ایک دوسرے کے ساتھ مل جل کر کام کرنا اور اس کام کو تکمیل کرنا اور اپنے مقصد کو حاصل کرنا ہوتا ہے۔ سماجی روابط میں ایک دوسرے کے ساتھ تعاون اور آپسی عزت نفس کا خیال رکھنا از حد ضروری ہے۔ سماجی روابط مثبت سرگرمیوں کے ساتھ ہو تو انسان کی صلاحیتوں اور شخصی ارتقاء کا بہترین ذریعہ ہے۔ جن لوگوں کے ساتھ آپ رہتے ہو ان کا آپ کی شخصیت پر اثر پڑتا ہے۔

مشورہ: مشورہ انسان کی ایک فطری ضرورت ہے۔ کسی ایک انسان کا علم ہمیشہ محدود ہوتا ہے۔ وہ ساری باتوں کو یا کسی بات کے تمام پہلوؤں کو نہیں جان سکتا۔ کوئی صحیح

فیصلہ لینے کے لیے ضروری ہے کہ اس میں تمام متعلق پہلوؤں کی رعایت شامل ہو۔ مشورہ اسی مسئلہ کا حل ہے۔ وہ افراد کی انفرادی کمیوں کی تلافی ہے۔ مختلف لوگوں کے درمیان معاملہ زیر مشورہ ہو تو معاملہ کے تمام پہلو سامنے آجاتے ہیں۔ مشورہ کا مطلب یہ ہے کہ آدمی اپنی سمجھ کے ساتھ دوسروں کی سمجھ کو بھی اپنے فیصلہ میں شامل کرلے۔ مشورہ شرمندگی سے محفوظ رکھنے کا قلعہ ہے اور ملامت کے مقابلہ میں امان ہے۔ ایک مقولہ ہے "تمہاری رائے کا آدھا تمہارے بھائی کے پاس ہے۔ تم اس سے مشورہ کرو تاکہ تمہاری رائے مکمل ہوجائے۔" اسلام میں مشورہ کی تکریم اور تاکید فرمانے کا یہی منشاء ہے کہ معاملہ کے متعلق مختلف پہلو اور آراء سامنے آجائیں تو فیصلہ بصیرت کے ساتھ کیا جاسکے۔ کسی بھی معاملہ میں متعلقہ تجربہ کار افراد سے مشورہ کرنا چاہئے۔

خدمت انسانیت: لوگوں کی خدمت کرنا ان کا دل جیتنا ہے۔ خدمت اپنے اندر معجزاتی تاثیر رکھتی ہے۔ انسان کے اندر جو اعلیٰ جذبات ہونے چاہئیں ان میں سے ایک خدمت انسانیت ہے۔ دوسروں کے کام آنا دراصل اپنے حق میں خدائی نعمت کا اعتراف کرنا ہے۔ وہی شخص دوسروں کے کام آتا ہے جس کے اندر دوسروں کے مقابلہ میں کچھ زیادہ صفات پائی جارہی ہوں، مثلاً آنکھ والے آدمی کا ایک بے آنکھ والے کے کام آنا، ایک تندرست آدمی کا کسی معذور کے کام آنا، ایک صاحب مال کا بے مال آدمی کے کام آنا، ایک صاحب حیثیت آدمی کا کسی بے حیثیت آدمی کے کام آنا، وغیرہ۔ جب انسان کسی کی مدد کرتا ہے تو وہ ایسا کرکے خدا کے احسان کا اعتراف کرتا ہے۔ سچا انسان نفع بخش بن کر جیتا ہے، وہ یک طرفہ طور پر دوسروں کو فائدہ پہنچاتا ہے، خواہ دوسروں کی طرف سے اس کو کچھ بھی ملنے والا نہ ہو۔ دنیا میں صرف اس فرد یا قوم کو بقا و ثبات حاصل ہوتا ہے جو

اپنے آپ کو دوسروں کے لیے نفع بخش ثابت کرے۔ خدا نے خدمت اور نفع بخشی میں بے پناہ کشش رکھی ہے۔ اس میں یہ طاقت ہے کہ وہ لوگوں کے دلوں کو مسخر کر سکے۔ جو دوسروں کی خدمت میں لگا رہتا ہے لوگ اس کی خدمت آپ ہی آپ کرنے لگتے ہیں۔ اس دنیا میں بڑی کامیابیاں صرف ان لوگوں کے لیے مقدر ہیں جو براہِ راست فائدے سے اوپر اٹھ کر بالواسطہ فائدوں کو دیکھنے والی نگاہ رکھتے ہو۔ ایک اچھا کام کبھی رائیگاں نہیں جاتا۔

خوش کلامی: انسان کی زندگی کے جن پہلوؤں سے اس کے بنائے جنس کا سب سے زیادہ واسطہ پڑتا ہے اور جن کے اثرات اور نتائج بھی بہت دوررس ہوتے ہیں، ان میں سے اس کی زبان کی شیرینی یا تلخی اور نرمی یا سختی بھی ہے۔ زندگی میں اکثر بگاڑ کسی غلط بول کا نتیجہ ہوتا ہے اسی طرح زندگی میں اکثر خیر کسی اچھے بول کا نتیجہ ہوتا ہے۔ ایک بول سے لوگوں میں محبت بڑھتی ہے اور دوسرا بول لوگوں میں نفرت پھیلانے کا سبب بن جاتا ہے۔ ایسی حالت میں آدمی کے لیے ضروری ہے کہ وہ اپنی زبان و قلم کو استعمال کرنے میں بے حد احتیاط کرے۔ ذمہ دار انسان وہ ہے جو بولنے سے پہلے سوچے اور جب بولے تو وہی بات بولے جو سوچنے اور سمجھنے کے بعد اس کو بولنے کے قابل نظر آئی ہو۔ اسی کے ساتھ یہ بھی انتہائی ضروری ہے کہ آدمی بولنے سے پہلے اس کے نتیجہ کے بارے میں سوچے۔ "حضرت عبداللہ بن مسعودؓ سے روایت ہے کہ رسول اللہ ﷺ نے فرمایا کہ مومن بندہ نہ زبان سے حملہ کرنے والا ہوتا ہے، نہ لعنت کرنے والا اور نہ بدگو اور نہ گالی بکنے والا۔"

غصہ پر کنٹرول: انسان کی قوت برداشت بھی اس کی شخصیت کا ایک اہم پہلو ہے۔ اس دنیا میں بارہا ایسا ہوتا ہے کہ حالات ہمارے لیے خوشگوار نہیں ہوتے یا پھر دوسرے

لوگ ہماری مرضی کے مطابق رویہ اختیار نہیں کرتے، ایسے موقعوں پر جو لوگ آپے سے باہر ہو جاتے ہیں انہیں کمزور شخصیت کا مالک سمجھا جاتا ہے۔ اس کے برعکس جو لوگ تحمل اور بردباری سے مسائل کا سامنا کرتے ہیں وہ اپنے قریبی لوگوں کی نظر میں اہم مقام حاصل کر لیتے ہیں۔

انسان کا سب سے بڑا دشمن غصہ ہوتا ہے۔ غصہ کی وجہ سے بہت سے گھر تباہ ہو گئے ہیں۔ طاقتور وہ نہیں ہے جو کشتی میں پچھاڑ دے، طاقتور وہ ہے جو غصہ کے وقت اپنے آپ کو قابو میں رکھے۔ نرمی بہت ساری خوبیوں کا سرچشمہ ہے۔ نرمی کے ذریعے لوگوں کے دل جیتے جاسکتے ہیں۔ نرمی بہت سی مشکلیں آسان کر دیتی ہیں۔ آپ جب دوسروں سے نرمی کا معاملہ کریں تو اس کا نتیجہ یہ ہوتا ہے کہ لوگوں کے دلوں میں آپ کے لیے ہمدردی کے جذبات پیدا ہوتے ہیں، وہ آپ کی عزت کرنے پر مجبور ہو جاتے ہیں۔ اسی طرح ماحول کے اندر ایک ایسی فضا بنتی ہے جو ہر لحاظ سے آپ کے حق میں ہوتی ہے، آپ کسی خارج رکاوٹ کے بغیر اپنا کام انجام دینے میں کامیاب رہتے ہیں۔

اس کے برعکس جب آپ لوگوں سے معاملہ کرنے میں سختی کا رویہ اپنائیں تو اس کا نتیجہ یہ ہوگا کہ آپ جو کام بھی کرنا چاہیں گے اس میں آپ کے لیے خارجی رکاوٹیں کھڑی ہو جائیں گی۔ ماحول کے غیر ہمدردانہ رویہ کی وجہ سے آپ کا آسان کام بھی مشکل کام بن جائے گا۔ نرم سلوک والا آدمی اپنے ماحول میں اس طرح رہتا ہے کہ لوگ اس کے ساتھ پھول جیسا سلوک کرتے ہیں اور سخت آدمی اپنے ماحول میں اس طرح رہنے پر مجبور ہو جاتا ہے جیسے کہ وہ کانٹوں کے درمیان رہ رہا ہو۔ ایک آدمی زیادہ امید پر پورا نہیں اترتا تو اس سے اپنی امید کو کم کر دیجیے۔ ایک آدمی آپ کی پابندی کو قبول نہیں کرتا تو اس سے پابندی کا مطالبہ کرنا چھوڑ دیجیے۔ ایک آدمی اس خانہ کا اہل نظر نہیں آیا جہاں آپ نے

اس کو رکھا تھا تو آپ سادہ طور پر صرف یہ کیجئے کہ ایک خانہ سے نکال کر اس کو دوسرے خانے میں ڈال دیجئے۔ آپ انسانوں سے موافقت کے اصول پر معاملہ کیجئے۔ ایک لفظ میں اس کا خلاصہ یہ ہے کہ لوگوں سے خود ان کے لحاظ سے معاملہ کرو نہ کہ اپنے لحاظ سے۔ جذبات یا اشتعال کے موقع پر اپنے آپ کو تھاما جائے۔ جب ناگوار بات پیش آئے اور غصہ آئے تو اس وقت اپنے آپ پر قابو رکھے کہ غصہ کے تقاضے پر عمل نہ کرے، جو کہے خوب اس کے انجام کو سوچ لے کہ میرے لیے اس موقع پر صحیح رد عمل کیا ہے اور زیادہ نتیجہ خیز کارروائی کیا ہو سکتی ہے۔

"حضرت انسؓ راوی ہیں کہ میں نے رسول اللہ صلی اللہ علیہ وسلم کی خدمت اس وقت سے کی جبکہ میں آٹھ برس کا تھا۔ میں نے آپ ﷺ کی خدمت دس برس تک کی، آپ ﷺ نے کسی بات یا غلطی پر جو میرے ہاتھ سے ہوئی مجھے ملامت نہیں کی۔ "کسی چیز کے ٹوٹ جانے، بگڑ جانے پر مثلاً کوئی چیز کسی نے توڑ دی یا کام بگاڑ دیا تو آپ ﷺ کو غصہ نہ آتا تھا البتہ اگر کوئی بات دین کے خلاف ہوتی تو آپ ﷺ کو سخت غصہ آتا تھا۔ لیکن کبھی آپ ﷺ نے ذاتی معاملے میں غصہ نہیں کیا۔"

سخاوت: سخاوت اور دریا دلی اس کا نام ہے کہ جہاں خرچ کرنا چاہئے وہاں انسان خرچ کرنے سے نہ گھبرائے، بلکہ دل کھول کر خرچ کرے۔ انسانیت کی اجتماعی فلاح کا راز یہ ہے کہ لوگوں میں سخاوت کا مزاج ہو، وہ بخل اور لالچ سے بچے ہوئے ہوں۔ بخل دراصل بڑھی ہوئی خود غرضی کا دوسرا نام ہے۔ بخیل آدمی کا حال یہ ہوتا ہے کہ وہ صرف اپنے فائدے کی بات سوچتا ہے، اسے دوسرے کے فائدے سے کوئی دلچسپی نہیں ہوتی، وہ سماجی مواقع کو استعمال کر کے مادی فائدے سمیٹتا ہے لیکن اس ملے ہوئے فائدے میں سماج کا حصہ ادا کرنا اسے گوارہ نہیں ہوتا۔ اس مزاج کا انسان خود بھی گھاٹے میں رہتا ہے

اور وہ دوسرے کے لیے بھی گھاٹے کا سبب بنتا ہے۔ لالچ اور بخل کا یہ مزاج آدمی کے دل کو تنگ کر دیتا ہے۔ انسان کی فلاح کشادہ دلی میں ہے نہ کہ بخل میں۔ اس دنیا کا قانون یہ ہے کہ جتنا بڑا دل اتنی بڑی کامیابی۔ "حضرت جابر رضی اللہ تعالیٰ عنہ سے روایت ہے کہ ایسا کبھی نہیں ہوا کہ رسول صلی اللہ علیہ وسلم سے کچھ مانگا گیا ہو اور آپ ﷺ نے فرمایا ہو میں نہیں دیتا۔"

تحمل و رواداری: اختلاف زندگی کا ایک حصہ ہے۔ مختلف اسباب سے لوگوں کے درمیان اختلاف ہوتا رہتا ہے۔ اختلاف کے ہونے کو روکا نہیں جا سکتا۔ البتہ یہ ہو سکتا ہے کہ اختلاف کے باوجود آدمی اپنے آپ کو صحیح رویہ پر قائم رکھے۔ اختلاف پیش آنے کے وقت تعلقات ختم کرنا صحیح نہیں۔ اختلافی مسئلہ پر سنجیدہ بحث جاری رکھتے ہوئے باہمی تعلقات کو بدستور قائم رکھنا چاہئے۔ اختلاف والے شخص سے سلام و کلام بند کرنا یا اس کے ساتھ اٹھنا بیٹھنا چھوڑ دینا کسی بھی حال میں درست نہیں۔ اختلاف کے وقت انصاف پر قائم رہنا بلاشبہ ایک مشکل کام ہے۔ آدمی کو چاہئے کہ وہ اختلاف کے وقت سخت محتاط رہے۔ وہ مسلسل کوشش کرے کہ اس سے کوئی ایسا غلط ردعمل ظاہر نہ ہو جو اللہ کو پسند نہیں۔ نزاع کی صورت پیش آنے کے باوجود آدمی اپنے دل کو دشمنی اور انتقام کی نفسیات سے بچائے، اختلاف کے باوجود وہ انصاف کی روش پر قائم رہے۔ اختلاف رائے ایک فطری جذبہ ہے۔ اس جذبہ کی مذمت نہیں کی جاسکتی، کیونکہ اختلاف رائے ایک صحت مند رائے کو استوار کرتی ہے۔ نظریوں کا اختلاف فکری اختلاف کو جنم دیتا ہے اور فکری اختلاف انسان کو تحقیق کے میدان میں عرق ریزی پر ابھارتا ہے۔ تحقیق انسان کو ایک صحت مند نظریہ کی طرف لے جاتی ہے۔ دنیا کا کوئی ایک مسئلہ بھی ایسا نہیں ہے جس میں تمام لوگ ایک نقطہ نظر پر متفق ہوں، ہم صرف یہ کرسکتے ہیں کہ کسی بھی موضوع کے

دلائل صاف صاف بیان کر کے لوگوں کی عقل پر چھوڑ دیں، خواہ وہ اسے قبول کریں یا نہ کریں۔ آدمی جب اختلاف کو اختلاف کے دائرے میں رکھے تو اس کا امکان رہتا ہے کہ تبادلہ خیال کے دوران دونوں میں سے کسی کے اوپر سچائی کھل جائے اور وہ حقیقت سے واقف ہو جائے۔ مگر جب آدمی اختلاف کو تخریب کاری تک پہنچادے تو اسکا دماغ منفی سوچ کا کارخانہ بن جاتا ہے۔

خیر خواہی: اس دنیا میں عافیت کی زندگی حاصل کرنے کی سب سے آسان تدبیر یہ ہے کہ آدمی دوسروں کو عافیت میں رکھے۔ جو آدمی دوسروں کو تکلیف نہ دے وہ اپنے آپ کو تکلیف میں پڑنے سے بچاتا ہے۔ جو آدمی دوسروں کو تنگی میں مبتلا نہ کرے وہ خود بھی اس دنیا میں تنگی اور مشقت سے محفوظ رہے گا۔ حدیث میں آیا ہے کہ "پیغمبر اسلام ﷺ نے فرمایا کہ جو شخص کسی کو تکلیف پہنچائے تو اللہ تعالیٰ اس کو تکلیف پہنچائے گا اور جو شخص کسی کو مشقت میں مبتلا کرے گا تو اللہ تعالیٰ اس کو مشقت میں مبتلا کرے گا۔" خدا نے اس دنیا کا نظام اس طرح بنایا ہے کہ یہاں کوئی عمل یک طرفہ نہیں، یہاں ہر عمل اپنا دو طرفہ انجام رکھتا ہے۔ کوئی شخص جب کسی کے خلاف ایک عمل کرے تو اس کو جاننا چاہیئے کہ فریق ثانی جس طرح اس عمل کا شکار ہو گا اسی طرح خود عمل کرنے والے کو بھی کسی نہ کسی صورت میں اس کا انجام بھگتنا پڑے گا۔ اس سنگین حقیقت کا تعلق ہر انسان سے ہے، کوئی بھی شخص کسی بھی حال میں اس سے بچنے پر قادر نہیں۔ در حقیقت دوسروں کے ساتھ خیر خواہی خود اپنے ساتھ خیر خواہی ہے اور دوسروں کے ساتھ بدخواہی خود اپنے ساتھ بدخواہی ہے۔

حوصلہ مندی: ہمت اور استقلال کامیابی کے بہترین ذرائع ہیں۔ آپ جو بھی کرنا چاہتے ہیں اس کے لیے حوصلہ کی ضرورت ہوتی ہے اور حوصلہ سے کامیابی کی راہ کھلتی

ہے۔ سب کچھ کھونے کے بعد بھی اگر آپ کے اندر حوصلہ باقی ہو تو سمجھ لیجئے کہ ابھی آپ نے کچھ نہیں کھویا۔ حوصلہ بلاشبہ سب سے قیمتی چیز ہے۔ آدمی حوصلے کی بنیاد پر ہی بڑی بڑی بات سوچتا ہے۔ حوصلہ ہی کے ذریعے وہ اقدام کرتا ہے۔ حوصلے ہی کے بل پر وہ جوکھم میں کودتا ہے۔ حوصلے ہی کے سہارے وہ مشکلات پر قابو پاتا ہے۔ حوصلہ ہی کی مدد سے وہ زندگی کے اتار چڑھاؤ میں ثابت قدم رہتا ہے۔ حوصلہ ہی آدمی کے اندر اعلیٰ کردار پیدا کرتا ہے جو تمام ترقیوں اور کامیابیوں کو پانے کا ذریعہ ہے۔ حوصلہ مند انسان وہ ہے جسے نقصانات دل شکستہ نہ کرسکیں۔ بے حوصلگی سب سے بڑی کمزوری ہے اور حوصلہ سب سے بڑی طاقت۔ آدمی اگر بے حوصلہ ہو جائے تو ۹۹ چیز رکھتے ہوئے بھی وہ ایک چیز کھونے کی خاطر اپنا خاتمہ کرلے گا۔ اور اگر وہ اپنے حوصلے کو باقی رکھ سکے تو وہ ۹۹ چیزیں کھوکر ایک چیز کے بل پر دوبارہ اٹھ کر کھڑا ہو جائے گا۔ زندگی کی جدوجہد میں جو آدمی بے حوصلہ ہو جائے وہ اپنی موجودہ صلاحیتوں کو بھی کھودے گا اور جو آدمی ہر حال میں اپنے حوصلے کو بھرپور رکھے وہ اپنی صلاحیتوں میں مزید اضافہ کرلے گا۔

احساس ذمہ داری: انسان کی شخصیت کا یہ وہ پہلو ہے جو دوسروں کی نظر میں اس کا مقام بنانے میں سب سے زیادہ اہم کردار ادا کرتا ہے۔ جب انسان کوئی ذمہ داری اپنے سر پر لے لے تو اسے نبھانے کی ہر ممکن کوشش کرنا اس کا فرض ہے۔ اپنی دنیاوی ذمہ داریوں کے ساتھ ساتھ ہر شخص کو یہ جان لینا چاہیئے کہ اس پر کچھ ذمہ داریاں اللہ تعالیٰ کی طرف سے بھی عائد ہیں جن کا حساب اسے مرنے کے بعد دینا ہوگا۔ ہر انسان پر یہ لازم ہے کہ وہ ان ذمہ داریوں کو جانے اور انہیں پورا کرنے کی کوشش کرے۔ جو لوگ اس سے غفلت برتتے ہیں، وہ دنیا میں کتنے ہی بڑے ذمہ دار عہدوں پر فائز کیوں نہ ہوں، خدا

کے پاس ان کی کوئی حیثیت نہ ہوگی۔

حوالہ جات:

اپنی شخصیت اور کردار کی تعمیر کیسے کی جائے؟ (محمد مبشر نذیر)، رازِ حیات تعمیر حیات اسلام ایک تعارف ڈائری، جنوری ۱۹۹۰ (مولانا وحید الدین خاں)، ترقی کیسے کریں؟ (ڈیل کارینگی)، المیزان، شخصیت کے عناصر اور ان کا توازن (رائد افضل)، لا تحزن غم نہ کریں (ڈاکٹر عائض القرنی ترجمہ: غطریف شہباز ندوی)، نصیحتوں کے ۵۰ پھول (فضیلۃ الشیخ عبدالعزیز ابن عبداللہ المقبل ترجمہ: شیخ فضل الرحمن عنایت اللہ)، شخصیت کی ترقی و مراسلتی انگلش (بشیر احمد)، آداب زندگی (مولانا یوسف اصلاحی)، اُسوہ رسول اکرم ﷺ (ڈاکٹر محمد عبدالحیؒ)، مخزن الاخلاق (سید قطب الدین حسن صابری)، آداب الاختلاف (افادات: حضرت اقدس محمود الحسن صاحب گنگوہیؒ، مرتب: مولانا محمد فاروق)، دی بک آف سیکریٹس (محمد بشیر الدین علی خان)، معارف الحدیث: جلد (۱)(۲)(۶) (مولانا محمد منظور نعمانیؒ)۔

(۳) شخصیت کا ارتقاء اور اس کے ذرائع

لئیق اللہ خاں منصوری

اللہ تعالیٰ نے انسان کا ذکر کرتے ہوئے اَحۡسَنِ تَقۡوِیۡمٍ (التین:۴)، کَرَّمۡنَا بَنِیۡۤ اٰدَمَ (الاسراء:۷۰)، وَسَخَّرَ لَکُمۡ مَّا فِی السَّمٰوٰتِ وَمَا فِی الۡاَرۡضِ (الجاثیہ:۱۳) اور وَ فَضَّلۡنٰهُمۡ عَلٰی کَثِیۡرٍ مِّمَّنۡ خَلَقۡنَا تَفۡضِیۡلًا جیسے کلمات ارشاد فرمائے۔ اسے زمین پر اپنا خلیفہ قرار دیا (البقرۃ:۳۰)۔ اس افضلیت کی بنیاد اس طرح بیان کی۔ عَلَّمَ اٰدَمَ الۡاَسۡمَآءَ کُلَّهَا (البقرۃ:۳۱)، عَلَّمَهُ الۡبَیَانَ (الرحمن:۴) اور عَلَّمَ بِالۡقَلَمِ (العلق:۴) اللہ تعالیٰ نے انسان کے اندر بے پناہ قوتیں پیدا کیا انسان اپنے عزم و ارادے سے انہیں پروان چڑھا سکتا ہے۔ جو اپنی خوابیدہ صلاحیتوں کو نکھارتا ہے وہ کامیاب ہوتا ہے اور جو انہیں دبا رہنے دیتا ہے وہ ناکام رہ جاتا ہے۔ قَدۡ اَفۡلَحَ مَنۡ زَکّٰىهَا وَقَدۡ خَابَ مَنۡ دَسّٰىهَا (الشمس : ۱۰،۹)۔ انبیاء علیہم السلام کا بنیادی فریضہ انسانوں کا تزکیہ تھا۔ حضور نبی کریم صلی اللہ علیہ وسلم کے حوالے سے قرآن نے چار مقامات پر تزکیہ نفوس کی ذمہ داری اور اس کے ذرائع کے طور پر، تلاوت آیات، تعلیم کتاب و تعلیم حکمت کی نشاندہی کی ہے۔ (البقرۃ:۱۵۱،۱۲۹، آل عمران : ۱۶۴، الجمعہ:۲)۔ مسلم شریف میں درج حضرت ابوہریرہؓ سے مروی حدیث ۲۶۳۸/ (اَلنَّاسُ مَعَادِنُ کَمَعَادِنِ الذَّهَبِ وَالۡفِضَّةِ) میں انسان کو سونے اور چاندی کے کان سے تشبیہ دے کر یہ حقیقت واضح کی گئی ہے کہ انسان کے اندر غیر معمولی صلاحیتوں اور قوتوں کے خزانے پنہاں ہوتے ہیں جسے بروئے کار لانے کے لیے محنت کرنی پڑتی ہے۔ اسی سے

شخصیت کے ارتقاء کی اہمیت سامنے آتی ہے۔ جماعت کے نصب العین۔۔۔"اقامت دین" کی تعبیر کا پہلا نکتہ "فرد کا ارتقاء" ہے، جس سے اس موضوع کی اہمیت اور بڑھ جاتی ہے۔ فرد کا ارتقاء یہ ہے کہ وہ خود شناسی اور خدا شناسی کے ذریعہ اپنی ذمہ داریوں کی ادائیگی کے لیے کمربستہ ہو جائے۔

شخصیت کا ارتقاء: مختلف پہلو

شخصیت، انسان کی مجموعی خصوصیات کا نام ہے۔ انسانی وجود روح اور جسم کا مرکب ہے۔ اس کے روحانی تقاضے بھی ہیں اور جسمانی بھی۔ وہ ایک فرد بھی ہے اور ایک سماج کا حصہ بھی۔ اس کی ایک گھریلو زندگی بھی ہے، معاشی ضروریات بھی ہیں، اور معاشرتی تعلقات کے تقاضے بھی۔ ان تمام محاذوں پر انسان کا ارتقاء اس کی کامیابی کے لیے ضروری ہے۔ اللہ تعالیٰ نے امت مسلمہ کو خیر امت بنایا ہے اور رسول اللہ صلی اللہ علیہ وسلم نے بہترین شخص (خَیرُ النَّاسِ) اس کو قرار دیا ہے جو لوگوں کے لیے فائدہ مند ہو۔ قرآن سیکھنے والا اور دوسروں کو سکھانے والا ہو، اور بہترین اخلاق والا ہو۔ اس طرح نبیؐ نے انسان کی اجتماعی افادیت کا پہلو اجاگر کیا ہے جسے شخصیت کے ارتقاء میں پیش نظر رکھنا ضروری ہے۔ ان تمام پہلوؤں سے ہر فرد کو اپنی زندگی کی منصوبہ بندی کرنی چاہیے اور افادیت کے اپنے ذاتی اہداف کے ساتھ آگے بڑھنا چاہیے۔

ا۔ گھر اور رشتہ داروں کے درمیان

انسانی زندگی کی بنیادی اکائی گھر ہے۔ حضورؐ نے اس شخص کو بہترین قرار دیا ہے جو اپنے گھر والوں کے لیے بہترین ہو (خَیرُکُمْ خَیرُکُمْ لِاَہْلِہٖ۔۔۔۔ترمذی)۔ گویا ایک فرد کی کامیابی کے لیے یہ ضروری ہے کہ وہ ایک بیٹے، ایک باپ، ایک شوہر، ایک بھائی، یا ایک بیٹی، ایک ماں، ایک بیوی یا ایک بہن کی حیثیت سے بہترین کردار کا حامل ہو۔ ایک

دوسرے کے حقوق ادا ہوں اور سب باہمی سکون و اطمینان کا ذریعہ بنیں۔ قریبی رشتہ داروں کے ساتھ صلہ رحمی کو اسلام ایک فرد کی نجات کے لیے ضروری قرار دیتا ہے۔

۲۔ سماجی پہلو

گھر اور خاندان کے بعد انسان کا ربط و تعلق سماج سے ہوتا ہے۔ اللہ تعالیٰ نے انسان کو بنایا اس طرح ہے کہ وہ معاشرہ کے بغیر زندگی نہیں گزار سکتا۔ نتیجتاً حقوق العباد کا ایک تصور اسلام نے دیا ہے۔ روحانی پہلو سے بھرپور عبادات کے باوجود جو شخص انسانوں کے حقوق تلف کرتا ہے، حضورؐ نے اسے قیامت کے روز مفلس ترین قرار دیا ہے۔ رسول اللہؐ نے اس مؤمن کی تعریف کی ہے جو لوگوں سے میل جول رکھتا ہے اور ان سے ہونے والی تکلیفوں پر صبر کرتا ہے، بہ نسبت اس کے جو لوگوں سے الگ تھلگ رہتا ہے۔ شخصیت کے ارتقاء کا یہ پہلو اس بات کا تقاضا کرتا ہے کہ فرد اپنے سماجی رویہ پر نظر رکھے اور اسے بہتر بنانے کے لیے فکر مند ہو۔

۳۔ علمی ارتقاء

انسان کو اشرف المخلوقات بنائے جانے کی بنیادی وجہ اس کی علمی صلاحیتوں کی وسعت ہے۔ نفع بخش علم کا حصول ہر مسلمان پر فرض ہے۔ حکمت مؤمن کی متاع گمشدہ ہے، اسے جہاں بھی وہ پائے اس کا حقدار ہے۔ انسان کے عقائد، اس کی سوچ اور تصورات شخصیت کی اہم بنیادیں ہوتی ہیں۔ ذہانت سے ایک شخص کی پہچان ہوتی ہے۔ انسان کی ذہنی صلاحیتوں کا فروغ اس کے ارتقاء کا حصہ ہے۔ علم انبیاء کی میراث ہے۔ قرآن مجید سرچشمۂ علوم ہے۔ اس پہلو سے شخصیت کے ارتقاء کے لیے دین و دنیا کے علوم و فنون کا وسیع مطالعہ اور غور و فکر اور تدبر کے ساتھ افادہ، اخذ و استفادہ اور صحت مند مذاکرہ و مباحثہ ناگزیر ہیں۔ عصری و دینی علوم کے میدانوں میں اعلیٰ تعلیم کا حصول

بھی شخصیت کے علمی ارتقاء کا حصہ ہے۔

۴۔ جسمانی ارتقاء

انسان کے مادی وجود کی بقاء اور بہتر عملی کارکردگی کے لیے جسمانی ارتقاء اور صحت و تندرستی کو بھی ضروری قرار دیا گیا ہے۔ نبیؐ نے صحت کو بیماری سے پہلے غنیمت جاننے کی تلقین فرمائی ہے۔ قوی مؤمن کو ضعیف مؤمن سے بہتر بتایا گیا ہے۔ حضرت طالوت کو بنی اسرائیل کے لیے اللہ نے ان کی علمی و جسمانی قابلیتوں کی وجہ سے بادشاہ مقرر کیا تھا۔(البقرۃ:۲۵۰)۔ حضرت موسیٰ علیہ السلام نے جب عورتوں کے لیے پانی کا انتظام کر دیا تو قوی اور امین کے القاب سے ان کی توصیف کی گئی۔ (القصص:۲۶)۔ رسول اللہؐ صحابہ کو تیراکی، گھوڑ سواری اور تیر اندازی کی ترغیب دلاتے۔ کم کھانے کو صحت مندی کی علامت قرار دیا۔ ایک شخص کا کھانا دو کے لیے اور دو کا تین کے لیے کافی قرار دیا۔ شکم سیری کی ہمت شکنی کی گئی تو دوسری طرف مسلسل روزے رکھنے والے کو یہ کہہ کر روکا گیا کہ تمہارے جسم پر بھی تمہارا حق ہے۔

۵۔ روحانی ارتقاء

انسان کے مادی وجود کے ساتھ اس کا ایک روحانی وجود بھی ہے جو اس کی حقیقی پہچان ہے۔ روح کا تقاضا یہ ہے کہ وہ انسان کو بلندیوں پر لے جانا چاہتی ہے کہ انسان خدا سے قریب ہوتا چلا جائے یہاں تک وہ اللہ کے رنگ میں رنگ جائے۔(البقرۃ:۱۳۸)۔ جو شخص محض اپنے جسم کے تقاضوں کی تکمیل کی فکر کرتا ہے اور اپنے روحانی وجود سے یکسر غافل ہے، اسے اس کتے سے تشبیہ دی گئی ہے جس کا مطمح نظر محض اپنی شہوت اور اشتہا کی تکمیل ہوتی ہے۔ (الاعراف:۱۷۶)۔ اہل ایمان کی پہچان یہ بیان کی گئی کہ وہ اللہ سے شدید محبت رکھتے ہیں۔(البقرۃ:۱۶۵) یہ محبت خدا کی معرفت اور اس کے احسانات کے

ادراک سے پیدا ہوتی ہے۔ اس محبت اور تعلق باللہ کو نماز، ذکر اللہ اور کتاب اللہ کی تلاوت مہمیز کرتے ہیں۔ انسان کی شخصیت اس روحانی ارتقاء کے بغیر ادھوری ہے۔

۶۔ اخلاقی ارتقاء

انسان کی شخصیت کی کامیابی کے لیے اخلاقی قدروں کی بھی بڑی اہمیت ہے۔ اللہ تعالیٰ نے حضورؐ کی توصیف ان الفاظ میں کی کہ آپ اخلاق کے بلند ترین مرتبے پر فائز ہیں۔ وَاِنَّکَ لَعَلٰی خُلُقٍ عَظِیْمٍ (القلم:۴)۔ نبیؐ نے خود اس کی طرف اشارہ کیا کہ مجھے مکارم اخلاق کی تکمیل کے لیے مبعوث کیا گیا ہے۔ بُعِثْتُ لِاُتَمِّمَ مَکَارِمَ الْاَخْلَاقِ (ابن ماجہ) پھر آپؐ نے اس شخص کو بہترین قرار دیا ہے جو اخلاق کے لحاظ سے بہترین ہو اِنَّ مِنْ خِیَارِکُمْ اَحْسَنُکُمْ اَخْلَاقاً (ترمذی)۔ اسلام نے ایک مکمل اخلاقی نظام سے نوازا ہے۔ کامیاب شخصیت کے لیے رذائل اخلاق سے خود کو پاک کرنا اور محاسن اخلاق سے مزین کرنا ناگزیر ہے۔

۷۔ معاشی ارتقاء

معاش انسان کی بنیادی ضرورت ہے۔ رزق حلال کے لیے تگ و دو کو فرائض کے بعد فریضہ قرار دیا گیا ہے۔ طَلَبُ الْحَلَالِ فَرِیْضَۃٌ بَعْدَ الْفَرِیْضَۃِ (بیہقی) معاش کو اللہ نے اپنے فضل سے تعبیر کیا ہے۔ (الجمعہ:۱۰)۔ خوشگوار زندگی کے لیے معاشی استحکام کی بڑی اہمیت ہے۔ حضورؐ نے دینے والے ہاتھ کو لینے والے ہاتھ سے بہتر ٹھہرایا ہے۔ اَلْیَدُ الْعُلْیَا خَیْرٌ مِنَ الْیَدِ السُّفْلٰی (متفق علیہ)۔ سچے اور امانت دار تاجر کی ہمت افزائی کی گئی ہے۔ « التاجر الصدوق الامین مع النبیین والصدیقین والشھداء (ترمذی) اسلام نے معاشی ترقی کے لیے کوئی تحدید نہیں کی۔ البتہ رزق کی تقسیم اللہ کا فیصلہ ہے۔ نَحْنُ قَسَمْنَا بَیْنَھُمْ مَّعِیْشَتَھُمْ (الزخرف:۳۲)۔ کوشش کا حق ادا کرنے کے بعد اپنے رزق پر راضی ہونا قناعت ہے۔ بغیر کوشش کے، توکل اور قناعت دینداری نہیں ہے۔

۸۔ صلاحیتوں کا ارتقاء

اللہ تعالیٰ نے ہر انسان کو منفرد بنایا ہے اور اسے مختلف قسم کی منفرد صلاحیتوں سے نوازا ہے۔ شخصیت کا ارتقاء یہ ہے کہ وہ اپنی ان صلاحیتوں کا ادراک حاصل کرے اور ان کو بروئے کار لانے کی شعوری کوشش کرے۔ انسان کی کامیابی کے لیے ضروری ہے کہ وہ اپنا ایک خواب متعین کرے کہ وہ کس خدمت کے لیے رضائے الٰہی اور فلاحِ آخرت کا حقدار بننا چاہتا ہے۔ تحریک اسلامی سے وابستہ افراد کے لیے یہ اہداف، نصب العین اور اس کے محرک کی شکل میں متعین ہیں۔ ضرورت اس بات کی ہے کہ ہم میں سے ہر فرد اس مقصد و نصب العین کے لیے خود کو مفید سے مفید تر بنانے کی شعوری کوشش کرے۔

۹۔ عملی ارتقاء

شخصیت کی کامیابی کے لیے ضروری ہے کہ فرد اپنے منصوبے کی تکمیل کے لیے وقت کے بھرپور اور مفید استعمال کا ہنر جانتا ہو۔ اس کام کے لیے منصوبہ بندی، ضروری ہے۔ سالانہ، ششماہی، سہ ماہی، ماہانہ اور روزانہ قابل عمل اہداف کا تعین کرنا چاہیے، اپنی استعداد میں اضافہ، رفتار کار پر نظر کا اہتمام ہونا چاہیے۔ خود کو منظم و متحرک رکھنا اور اپنی قوت ارادی کو مضبوط رکھنا ضروری ہے۔ ہمارا آج کل سے بہتر ہو اور ہر آنے والا دن گزرے ہوئے دن سے بہتر کارکردگی کا حامل ہو۔ حضرت علیؓ کے بقول مَنُ اِسُتَوٰی یَوُمَاہُ فَھُوَ مَغُبُوُنٌ "جس شخص کے دو دن یکساں ہوئے وہ ناکام ہے۔"

شخصیت کے ارتقاء کے ذرائع

شخصیت کی معرفت:

شخصیت کے ارتقاء کے لیے پہلی سیڑھی اپنی شخصیت کی پہچان اور صحیح معرفت ہے جسے خود شناسی بھی کہا جاتا ہے۔ جو خدا سے غافل ہوتا ہے اسے اللہ خود سے غافل کر دیتا

ہے۔(الحشر:۱۹)۔ خود شناسی کے اجزا میں علمی معیار، ذہانت اور لیاقت، مزاج، رویہ، جذبات، اقدار، سب شامل ہیں۔ ایک شخص اپنی زندگی کی منصوبہ بندی کر کے خوبیوں اور صلاحیتوں کو پروان چڑھا سکتا ہے اور خامیوں کو دور کر سکتا ہے۔

۱۔ مطالعۂ قرآن

شخصیت سازی میں قرآن کی تلاوت، غور و فکر اور تدبر کی بڑی اہمیت ہے۔ قرآن مجید نے کامیاب شخصیت کے خدوخال تفصیل سے بیان کیے ہیں۔ قرآن نے مؤمن، متقی، اولوالالباب، عباد الرحمن، جیسے عنوانات کے تحت ایک مکمل شخصیت کی تصویر کشی کی ہے۔ ان آیات کا فہم و ادراک حاصل کر کے اور ان اوصاف کو اختیار کر کے ہم ایک کامیاب شخصیت بن سکتے ہیں۔

۲۔ اسلامی عقائد اور عبادات

اسلام کے بنیادی عقائد اور عبادات کا نظام، شخصیت سازی میں کلیدی رول ادا کرتے ہیں۔

(الف) عقائد:۔ توحید کا تصور بندۂ مؤمن کو صبغۃ اللہ کو اختیار کرنے کی ترغیب دلاتا ہے جس سے فرد روحانی اعتبار سے بلند ترین مقام پر پہنچ سکتا ہے۔ رسالت کا تصور ایک کامل شخصیت کے اتباع پر آمادہ کرتا ہے۔ آخرت کا تصور بندۂ مؤمن کو طویل المعیاد ہدف کے حصول کے لیے عارضی دلفریبیوں کو قربان کرنے کا جذبہ فراہم کرتا ہے۔ یہ تینوں پہلو شخصیت سازی میں کلیدی رول ادا کرتے ہیں۔

(ب) نماز:۔ نماز تعلق باللہ کا ذریعہ ہے۔ نماز فرض شناسی پیدا کرتی ہے۔ اجتماعیت کے آداب سکھاتی ہے۔ قوت ارادی کو مضبوط کرتی ہے۔

(ج) روزہ:۔ روزہ کے ذریعے بھی انسان کا ارادہ مضبوط ہوتا ہے۔ روزہ کے ذریعہ

سماجی تربیت بھی ہوتی ہے۔ صحت و تندرستی کی جانب بھی توجہ ہوتی ہے۔

(د) زکوٰۃ:۔ زکوٰۃ مال کی محبت کو حُبِ اِلٰہی کے تحت لاتی ہے۔ حقوق العباد کی یاد دہانی کرتی ہے سماجی ارتقاء میں ممد و معاون ثابت ہوتی ہے۔

(ر) حج:۔ حج مجاہدہ فی سبیل اللہ کی عظیم مشق ہے جس سے بندۂ مؤمن جفاکش، جانی ومالی قربانیاں دینے والا بنتا ہے۔

۳۔ صالح اجتماعیت سے وابستگی

انسان کی شخصیت کو بنانے میں اجتماعیت کا کردار اہم ہے۔ اسلامی عبادات اجتماعیت کا سبق سکھاتی ہیں۔ اسلام اور اجتماعیت لازم و ملزوم ہیں۔ اجتماعیت سے محروم شخص شیطان کا شکار ہو سکتا ہے۔ صالح اجتماعیت فرد کو تربیت کا ماحول فراہم کرتی ہے۔ ذاتی ارتقاء کے لیے اجتماعی ماحول میں جو مواقع ہوتے ہیں وہ اکیلے فرد کو نصیب نہیں ہوتے۔

۴۔ صالح صحبت

شخصیت کے ارتقاء میں صالح صحبت کا اہم رول ہے۔ اچھی صحبت سے فرد اچھا بنتا ہے اور بری صحبت سے برا۔ قرآن نے کُوْنُوْا مَعَ الصّٰدِقِیْنَ (التوبہ:۱۱۹) کہہ کر اس جانب اشارہ کیا ہے۔ حضورؐ نے اسی تناظر میں عطار کی دوستی اختیار کرنے اور اور لوہار کی دوستی اختیار نہ کرنے کی تلقین کی ہے (بخاری مسلم)۔ قرآن نے لغو اور مجالس لغو سے اعراض کی تلقین کی ہے۔ وَالَّذِیْنَ ھُمْ عَنِ اللَّغْوِ مُعْرِضُوْنَ (المؤمنون:۳، القصص:۵۵)۔ حضورؐ نے اَلْمُؤْمِنُ مِرْاٰۃُ الْمُؤْمِنِ (ابو داؤد) کہہ کر اہل ایمان کو ایک دوسرے کا آئینہ قرار دیا ہے تاکہ ایک دوسرے کے ارتقاء میں تعاون ہو سکے۔ لہٰذا صالح صحبت، بزرگوں کی صحبت، اکابر اور اہل علم کی صحبت شخصیت کو نکھارتی ہے۔

۵۔ دیگر ذرائع:۔ کورسس، ورکشاپس، عمومی مطالعہ

ان سب کے ساتھ شخصیت سازی پر عمومی مطالعہ بھی مفید ہو سکتا ہے۔ بہت سی کتابیں آن لائن اور آف لائن دستیاب ہیں۔ حدود شریعت میں اُن سے استفادہ ممکن ہے۔ اس میدان سے متعلق کورسس موجود ہیں۔ قیادت کی تربیت، فن خطابت فن تحریر، وغیرہ کے لیے ورکشاپس ہوتی ہیں۔ ان سے استفادہ بھی شخصیت سازی کے لیے کارآمد ہو سکتا ہے۔

۶۔ شخصیت کے ارتقاء پر چند مفید کتابیں:

(۱) تزکیۂ نفس: امین احسن اصلاحیؒ

(۲) شاہراہ زندگی پر کامیابی کا سفر: محمد بشیر جمعہ

(۳) نفس کا تزکیہ، فرد کا ارتقاء: ایس امین الحسن

(۴) شخصیت کا ارتقاء، خصوصی شمارہ: ماہنامہ رفیق منزل

(۵) اپنی تربیت کیسے کریں؟: خرم مرادؒ

(۶) آپ کی شخصیت اور اس کا ارتقاء: ملک عطا محمد

(۴) شخصیت کی تعمیر سازی

اقصیٰ قیوم

"ہر شخص کا آخری مقصد اور قوی ترین خواہش انسانی شخصیت کی تکمیل ہے "
(گوئٹے)

موجودہ دور میں انسان ترقی کی دوڑ میں آگے ہونے کے ساتھ اپنی شخصیت کے ہر پہلو کو بہتر بنانے کیلئے بھی فکر مند رہنے لگا ہے۔ ۱۹۳۱ء میں پروفیسر میکمرے نے یہ خیال ظاہر کیا تھا کی شخصیت آنے والے دور (موجودہ فلسفے) کا مرکزی مسئلہ بن رہی ہے اس کے علاوہ ارسطو نے اس کی اہمیت پر یوں زور دیا کہ شخصیت کی نشوونما زندگی کا مقصد ہے۔

انسانی زندگی کا مقصد شخصیت کی تعمیر واستحکام ہے۔ حیات انسانی کروڑوں برس کی مسافت کے بعد بہت سے مراحل طے کر کے موجودہ شکل میں ہمارے سامنے آئی ہے اور ابد تک یہ سلسلہ جاری وساری رہنا ہے۔ انسان گزرے اور آنے والے وقت کے درمیان ایک انتہائی اہم کڑی ہے۔ ہماری ساٹھ ستر سال کی زندگی کی اہمیت پوری انسانی زندگی میں ایک سیکنڈ کے کروڑویں حصے کی ہے۔ اور اسی کروڑویں حصے سے مرتب ہونے والے نتائج پر ہی ہماری کامیابی و ناکامی کا دارو مدار ہے۔ شخصیت وراثت اور ماحول سے بنتی ہے۔ وراثت شخصیت کی حد بندی کرتی ہے جبکہ ماحول اس پر اثر انداز ہوتا ہے۔

قرآن وحدیث میں تعمیر شخصیت سے تکمیل شخصیت تک کے سفر کیلئے تمام پہلوؤں

پر موثر انداز میں ضابطہ حیات اور جامع پروگرام بتایا گیا ہے جس کی بنیاد پر ایک فرد کی بہتری سے اجتماعی قوم ترقی کی راہ پر گامزن ہوتی ہے۔ تعمیر شخصیت کیلئے شعوری کوشش لازم ہے کیونکہ انسان روح، عقل اور بدن تینوں کا مجموعہ ہے اس لیے تعمیر شخصیت کا مکمل پروگرام وہی ہو سکتا ہے جس میں روح، عقل اور بدن تینوں کے تقاضے پورے ہوتے ہیں۔ اگر صرف بدنی ضرویات پوری کرنے والا پروگرام بنایا گیا تو انسان اشرف المخلوقات کے درجے سے گر کر حیوانی طبقے میں آجائے گا اگر صرف عقلی ضرورت کو مد نظر رکھا جائے گا تو سوچیں اور بحث و تکرار اسے خدائی کا دعویدار بنا دیتے ہیں۔ اگر انسان صرف روح کی دنیا میں محو ہو جائے تو وہ علم و عمل سے بیگانہ ہو کر دنیا کے معاملات بھی چھوڑ دے گا۔ درجہ بندی میں روح عقل اور جسم تینوں ایک تنظیم پر کام کر کے شخصیت کی تکمیل کرتے ہیں۔ شخصیت ترتیب دی جاتی ہے۔ ہر کوئی منفرد انداز میں شخصیت تخلیق کرنے کا اختیار رکھتا ہے اور ان میں سے چند اعمال یہ ہیں جو ہماری شخصیت سازی کے سفر میں اہم کردار ادا کرتے ہیں۔

ا۔ اللہ سے مضبوط تعلق:۔

تعمیر شخصیت اللہ کے ساتھ مضبوط ترین تعلق پر مبنی ہے۔ یہ تعلق اس کی عبادت اور یقین کے ساتھ جوڑا جاتا ہے۔ انسان صرف اسی ہستی کے سامنے جھک سکتا ہے جو کُل (تمام صفات حسنہ کا مجموعہ) ہو۔ جزو (انسان) جب اللہ (کُل) کے سامنے جُھک جاتا ہے تو یہ اس کی تکمیل کا ذریعہ ہے۔

۲۔ اسوہ حسنہ پر عمل:۔

حضور اکرم ﷺ عہد جدید کے تمام تقاضوں (روح، عقل اور جسم) کی صحیح تکمیل کا سامان آج سے ۱۴۰۰ سال قبل فراہم کر چکے ہیں انہوں نے ایسا جامع انفرادی اور

اجتماعی پروگرام مہیا کیا جس سے فرد اور ایک پورے معاشرے کی تعمیر سازی کا کوئی پہلو نظر انداز نہیں ہوتا۔ موجودہ سائنس، تجرباتی علم اور عقل کو متاثر کر کے نسل یا جغرافیائی حد بندی کیے بغیر تعمیر شخصیت سے تکمیل شخصیت کا حصول اسی میں پوشیدہ ہے۔

دیکھو تو یہ بحر بیکراں کی طرف کیسے مستانہ وار بڑھ رہی ہے

اپنے اندر یگانہ اور باقی سب سے بیگانہ (گوئٹے)

۳۔ سوچ کی بلندی:۔

شخصیت سازی میں سوچ اور نیت کا مثبت کردار ہے۔ سوچ کا معیار جتنا عمدہ اور واضح ہو گا زندگی اتنی زیادہ عمدہ اور بہتر ہو گی۔ شخصیت سازی ظاہری خوبصورتی کا نام نہیں ہے۔ جو ایک نقاب کی مانند انسان کو اوریجنل (اصل) سے فیک (منافق) بنادیتی ہے۔ تم وہی ہو جو تمہاری سوچ ہے۔ (بڈھا)

تکمیل شخصیت ایک انعام ہے جس کی قیمت بہت گراں ہے۔ (کارل ینگ)

۴۔ باقاعدگی:۔

باقاعدگی انسان کی تعمیر میں لازمی جزو کی حیثیت رکھتی ہے اگر انسان ایک کام روزانہ کی بنیاد پر نہ کر سکے تو اسکی مثال ایک ایسے معمار کی ہے جو چند اینٹیں لگا کر ایک عمارت بنانے کے خواب دیکھتا ہے اور اگلے ہی دن اسے بھول جاتا ہے۔ ایسا انسان تمام عمر چند اینٹوں کی بنیاد پر ایک مضبوط عمارت نہیں بنا سکتا ہے۔ باقاعدگی اور مستقل مزاجی ہی ہر طرح کے مصائب و حالات میں انسان کی شخصیت کو بناتے اور کامیاب کرواتے ہیں اور باقاعدگی نماز کے ذریعے حاصل کی جاسکتی ہے۔

۵۔ خود احتسابی شخصیت سازی میں اہم کردار ادا کرتی ہے جب انسان کی غلطیاں اس پر کھلنے لگتی ہیں تو وہ اس احساس سے معافی اور بہتری کے راستے پر چل پڑتا ہے اگر یہ

احساس ہی باقی نہ رہے تو انسان کبھی شخصیت کی تکمیل حاصل نہ کر سکے۔

۶۔ ٹیم سپرٹ (دوسروں کے ساتھ مل کر کام کرنے کا جذبہ) بھی شخصیت سازی میں اہمیت کی حامل ہے۔ انسان دوسرے لوگوں کے ساتھ مل کر اپنے مقاصد کو جلدی پایہ تکمیل تک پہنچا سکتا ہے۔ تعمیر سے تکمیل شخصیت کا سفر ہی انسان کی کامیابی کا راستہ ہے اور یہ عمل ہی فرد کی شخصیت سے قوموں کی تقدیر بدل کر رکھ دیتا ہے اور ہر فرد ملت کے مقدر ستارہ بن کر چمکتا ہے۔ تکمیل شخصیت کے درجے پر وہی شخصیات پہنچی ہیں جن کے پاس ایک سچا پیغام ہو اور جن کے اندر جذبہ ہو کہ وہ اس پیغام کو دوسروں تک پہنچا سکیں۔

افراد کے ہاتھوں میں ہے اقوام کی تقدیر
ہر فرد ہے مِلّت کے مقدر کا ستارہ

(علامہ محمد اقبالؒ)

تعمیر سے تکمیل شخصیت کا سفر ہی انسان کی کامیابی کا راستہ ہے اور یہ عمل ہی فرد کی شخصیت سازی سے قوموں کی تقدیر بدل کر رکھ دیتا ہے اور ہر فرد ملت کے مقدر کا ستارہ بن کر چمکتا ہے تکمیل شخصیت کے درجے پر وہی شخصیات پہنچی ہیں جن کے پاس ایک سچا پیغام ہو اور جن کے اندر جذبہ ہو کہ وہ اس پیغام کو دوسروں تک پہنچا سکیں۔

یہ شخصیات وہ بیج ہوتے ہیں جن سے نئے نئے پودے اُگتے ہیں اور ایسے افراد کے نام ہزاروں برس تک لوح حیات سے محو نہیں ہوتے۔

(۵) شخصیت سازی اور تعمیر جہاں تعلیم کا بنیادی مقصد

ڈاکٹر حسن رشید

اسلام تعلیم کے ساتھ ساتھ فرد کی اصلاح و تربیت پر زور دیتا ہے!

تعلیم کو مقصدیت سے ہم آہنگ کرنے اور اساتذہ کو معاشرے میں مستحقہ مقام دینے کی ضرورت۔۔۔

اردو میں تعلیم کا لفظ، دو خاص معنوں میں مستعمل ہے ایک اصطلاحی دوسرے غیر اصطلاحی، غیر اصطلاحی مفہوم میں تعلیم کا لفظ واحد اور جمع دونوں صورتوں میں استعمال ہو سکتا ہے اور آدرش، پیغام، درسِ حیات، ارشادات، ہدایات اور نصائح کے معنی دیتا ہے۔ جیسے آنحضرت کی تعلیم یا تعلیمات کے فقروں میں، لیکن اصطلاحی معنوں میں تعلیم یا ایجوکیشن سے وہ شعبہ مراد لیا جاتا ہے جس میں خاص عمر کے بچوں اور نوجوانوں کی ذہنی اور جسمانی نشوونما، تخیلی و تخلیقی قوتوں کی تربیت و تہذیب، سماجی عوامل و محرکات، نظم و نسق مدرسہ، اساتذہ، طریقہ تدریس، نصاب، معیار تعلیم، تاریخ تعلیم، اساتذہ کی تربیت اور اس طرح کے دوسرے موضوعات زیر بحث آتے ہیں۔

تعلیم کا مقصد انسان کو بتانا نہیں بلکہ انسان کو بنانا ہے" یہ قولِ زریں اِس عظیم خادمِ علم کا ہے جو شہنشاہِ علم کا مرید تھا۔ اس خادمِ علم کو دنیا علامہ سید سلیمان ندویؒ کے نام سے جانتی ہے جو علامہ شبلی نعمانیؒ کے علمی خلفِ رشید تھے۔ اِس قول میں کئی راز پوشیدہ ہیں جنھیں آج ہم جاننے سے قاصر ہیں۔ ہمارے آباؤ اجداد تعلیم کے مقصد کو بخوبی سمجھتے تھے

اور اِسی وجہ سے قدرت نے اُنہیں وہ عروج عطا فرمایا جو آج بھی ہمارے لیے فخر و مسرت کا باعث ہے۔ اسلاف نے تعلیم کو ہمیشہ تربیت سے جوڑے رکھا اور اِس رشتے کی مضبوطی نے انہیں اندرونی اور بیرونی طور پر استحکام عطا کیا لیکن اِس کلیدی رشتے کو آج ہم نے مجروح کرنے میں کوئی کسر نہیں اُٹھا رکھی ہے۔

جب ہم انسانی نشو و نما کے اساسی پہلوؤں کی بات کرتے ہیں تو اکثر ہمارا میلان مادی اور ظاہری ترقی کی جانب ہوتا ہے، جبکہ اس کی روحانی اور باطنی تربیت یکسر نظر انداز کر دی جاتی ہے جس کے انتہائی منفی نتائج ہم اپنے معاشرے میں روزانہ دیکھتے ہیں اور اُن پر ہمارا دل کڑھتا رہتا ہے۔

حالانکہ یہی روحانی تربیت علوم کی آبیاری کیلئے اسقدر ضروری تھی کہ جس کو اللہ تعالیٰ نے انسانوں پر اپنے انعام کے طور پر ان الفاظ میں ذکر فرمایا ہے:

لَقَدْ مَنَّ اللّٰہُ عَلَی الْمُؤْمِنِینَ اِذْ بَعَثَ فِیھِمْ رَسُولاً مِنْ اَنْفُسِھِمْ یَتْلُوا عَلَیْھِمْ آیَاتِہٖ وَیُزَکِّیھِمْ وَیُعَلِّمُھُمُ الْکِتَابَ وَالْحِکْمَۃَ وَاِنْ کَانُوا مِنْ قَبْلُ لَفِي ضَلَالٍ مُبِینٍ۔۔بے شک مؤمنین پر اللہ تبارک وتعالی کا یہ احسان عظیم ہے کہ ان میں انہی میں سے ایک رسول ﷺ بھیجا، جو انہیں اس (اللہ) کی آیتیں پڑھ کر سناتا ہے اور انہیں (روحانی تزکیہ جس سے مراد عقائد، اعمال واخلاق کے بیج بونے کے لیے قلب کو) پاک کرتا ہے اور انہیں کتاب وحکمت کی تعلیم سکھاتا ہے، یقیناً یہ سب (انسان) اس سے پہلے کھلی گمراہی میں تھے۔ (آل عمران:۱۶۴)

عصرِ حاضر میں تعلیم کا بلند پایہ مفہوم ہماری تنگ نظری اور جمودی سوچ کے سبب کلیتاً مسخ ہو چکا ہے۔ تعلیم پہلے دنیاوی اور دینوی علوم کے حصول کا نام تھا اور اِن کے درمیان میں کسی تفریق کی گنجائش نہیں تھی۔ اس ضمن میں تاریخِ اسلام ثبوت کے طور پر پیش کی جاسکتی ہے کہ مسلم حکمرانوں نے ہر خطے میں درس گاہیں تعمیر کروائیں جہاں ہر

طرح کے علوم بغیر کسی تفریق اور فوقیت کے پڑھائے جاتے تھے۔ علمِ نجوم، علمِ ہیئت، ریاضی، فلکیات، جغرافیہ، کیمیا، طب، تاریخ، حدیث وفقہ، قرآن وعلومِ تفسیر اور منطق وفلسفہ وغیرہ سب علوم کی مشترکہ تعلیم دی جاتی تھی۔ دنیاوی اور دینوی علوم کے اِس امتزاج نے طلبہ کو اخلاقی اور مادی دونوں لحاظ سے پختہ بنا دیا تھا اور اس دور کی مجموعی حالت اسی لیے ہماری موجودہ حالت سے لاکھ درجے بہتر تھی۔

سوال پیدا ہوتا ہے کہ ہم آج کثرتِ اساتذہ کے باوجود مجموعی طور پر جمود کا شکار کیوں ہیں؟ سبب یہ تھا کہ ماضی میں اساتذہ اخلاق کا بہترین نمونہ ہوتے تھے جن سے طلبہ گہرا اثر لیتے تھے جبکہ عصرِ حاضر کے اساتذہ اخلاقی قدروں کی خود پاسداری نہیں کرتے جس سے طلبہ پر منفی اثر پڑتا ہے۔ اُس عہد میں کتاب سے زیادہ استاد سے علم حاصل کیا جاتا تھا، جبکہ آج استاد محض ایک علامتی کردار بن کے رہ گیا ہے۔ اچھے دنوں میں اساتذہ اپنی خوشی سے اور دولت کی خواہش کے بغیر طلبہ کو تعلیم دیتے تھے اور نوجوانوں کی تعلیم وتربیت کا احساس اُن میں ہر لمحہ ایک ایسا جذبہ بیدار کیے رکھتا تھا جس کا دیا کبھی نہیں بجھتا تھا۔ وہ علم کو اللہ سے قربت کا ذریعہ جان کر اس کی بھرپور ترویج کرتے تھے۔ اُن کے نزدیک تعلیمی درس گاہیں محض ایک ٹیکسال کے بجائے اس گلستان کا درجہ رکھتی تھیں جہاں نونہال کلیوں کی دیکھ بھال ایک مقدس فریضے کے طور پر کی جاتی تھی، اور طلبہ کو معاشرہ کی ایک امانت اور مستقبل کے معمار سمجھ کر ان کی کردار سازی کی جاتی تھی، لیکن بد قسمتی سے آج علم پیشہ ورانہ اساتذہ کے ہتھے چڑھ گیا ہے جو تعلیم کو محض ایک کاروبار سمجھتے اور اسے اپنی مادی خواہشات پورا کرنے کے لیے استعمال کرتے ہیں۔ مسلم حکومتوں میں اساتذہ اور معلمین کو خاطر خواہ مشاہرے ملا کرتے تھے جو انہیں مالی تنگی کا احساس نہیں ہونے دیتے تھے۔ اِس کے نتیجے میں وہ اپنے فرائضِ منصبی پوری دیانت داری اور

دلجمعی سے سرانجام دیتے تھے۔ جبکہ عصرِ حاضر کے اکثر معلمین مالی تنگ دستی کی وجہ سے بے سکونی کا شکار دکھائی دیتے ہیں بلکہ مخلص اور قابل اساتذہ موجودہ معاشرہ میں مظلومیت کی تصویر بنے جعلی ڈگری یافتہ وزیر تعلیم کے رحم وکرم پر پڑے ہیں اور ان کی مراعات سے کوئی اور طبقہ فوائد حاصل کر رہا ہے۔

بحیثیتِ مجموعی یہ معاشرہ استاد کی قدر کھو چکا ہے اور علم کے داعی کی جو تذلیل و تحقیر تعلیمی اداروں میں ہوتی ہے وہ ناقابلِ بیان ہے۔ ہماری زندگی سے اعلیٰ مقاصد کا نظریہ ختم ہوتا جارہا ہے اور صرف دولت کی ریل پیل ہماری نظروں کو بھاتی ہے۔ ہمیں اپنے اسلاف کے کارناموں کے بارے ہی میں کچھ پتا ہے نہ ہم چاہتے ہیں کہ آنے والے لوگ ہمارے کارناموں کے حوالے سے ہمیں یاد رکھیں۔ ہم عام طور پر مغرب کی تقلید کرتے ہیں مگر وہ ممالک اپنی تاریخ پر فخر محسوس کرتے ہیں جو عظمت سے خالی ہیں۔ ہماری تاریخ جو انسانی تہذیب کی تشکیل اور ارتقا کی عظیم داستانوں سے معمور ہے اُس پر ہمیں فخر کرنا اور مستقبل کی تعمیر کا چیلنج قبول کرنا چاہیے۔

مغرب کی غلط باتوں کی تقلید تو ہم بڑے ذوق وشوق سے کرتے ہیں لیکن اصل قابل تقلید باتوں کو ہم نظر انداز کر جاتے ہیں جناب اشفاق احمد مرحوم نے زاویہ میں "استاد عدالت کے کٹہرے میں ہے" کا عنوان باندھا ہے۔ یہ ایک واقعہ ہے جو جواں عمری میں ان کے ساتھ اٹلی میں پیش آیا تھا۔ گاڑی غلط راہ پہ ڈالنے کے سبب اشفاق صاحب کا چالان ہوا۔ صبح اٹلی کی جامعہ روم میں تدریس فرماتے، سہ پہر ایک ریڈیو میں نشریاتی سرگرمیاں انجام دیتے۔ وقت کی تنگی تھی چالان ادا نہ ہوا۔ عدالت سے دوبار نوٹس بھی موصول ہوا مگر بات نہ بنی۔ مزید تاخیر پر عدالت نے طلب کر لیا۔ اشفاق صاحب پیلس آف دی جسٹس پہنچ گئے۔ جج نے نام پکارا، قدرے تلخی سے کٹہرے میں کھڑا ہونے کو

کہا۔ جج نے سوال کیا، آپ کا چالان ہوا، ڈاک خانے میں جمع کروانے کو کہا گیا تھا، نوٹس بھیج کر مہلت بھی دی گئی، مگر چالان نہیں بھرا، آخر کیوں؟ اشفاق صاحب نے کہا، جی مجھے کروانا چاہیے تھا، مگر کوتاہی ہو گئی۔ اشفاق صاحب عذر پیش کرنا چاہتے ہی تھے کہ جج نے سرزنش شروع کر دی، کیا آپ کو اندازہ ہے کہ آپ کی اس کوتاہی کے نتیجے میں کتنا وقت عملے کا ضائع ہوا؟ کتنا وقت پولیس کا اور اب کتنا وقت عدالت کا ضائع ہو رہا ہے؟ آپ کو اس غفلت کی کڑی سزا بھگتنی ہو گی۔

اشفاق صاحب نے کہا، دیکھیے میں ایک پردیسی ہوں، مقامی قانون اور ادب و آداب زیادہ نہیں جانتا، سزا میں رعایت دیں گے تو شکر گزار ہوں گا۔ جج نے کہا، زبان تو آپ ٹھیک بول رہے ہیں، قانون کا آپ کو نہیں پتہ، کرتے کیا ہیں آپ؟ جواب دیا، میں ایک استاد ہوں، یونیورسٹی میں پروفیسر ہوں، کچھ ایسی ہی مصروفیت کے سبب چالان کی ادائیگی ممکن نہ ہوئی۔ اشفاق صاحب کا جملہ ابھی پورا بھی نہ ہو پایا تھا کہ جج کھڑا ہوا اور کہا "استاد عدالت کے کٹہرے میں ہے"، یہ سنتے ہی باقی کا عملہ بھی کھڑا ہو گیا۔ جج دراصل اپنے سخت لہجے کے لیے معذرت کا اظہار کر رہا تھا۔ احتراماً کرسی فراہم کرنے کو کہا۔ اشفاق صاحب نے کرسی سنبھالی تو جج نے بھی نشست پکڑ لی۔ جج نے اب گفتگو شروع کی تو آواز دھیمی اور لہجہ بہت نرم تھا۔ جج نے کہا:

"قابلِ عزت استاد محترم، یہ ہم نے آپ ہی سے سیکھا ہے کہ قانون کی پاسداری ہونی چاہیے، وقت کی پابندی کرنی چاہیے، قانون کے آگے سب کو برابر ہونا چاہیے۔ آپ اساتذہ کی بدولت ہم یہاں موجود ہیں، آپ کے بتائے ہوئے ضابطوں کو آپ ہی کے فرمان کے مطابق لاگو کرنے کے پابند ہیں۔ آپ کے احترام کو برقرار رکھتے ہوئے عدالت فیصلہ سناتی ہے کہ مسلسل تاخیر کے سبب آپ کو چالان دگنا ادا کرنا ہو گا"۔

ہم مذہب اور سائنس کو ایک دوسرے سے جدا کر کے بہت بڑی غلطی کر رہے ہیں۔ مذہب انسان کے اندر پاکیزہ جذبہ اور ایک احساسِ ذمہ داری پیدا کرتا ہے جو طالب علم کو حصولِ علم ایک مذہبی فریضہ کی حیثیت سے ادا کرنے کی طرف مائل کرتا ہے، جبکہ بیشتر طلبہ کا نظریہ، یہ ہے کہ علوم دولت کمانے کے لیے حاصل کیے جائیں۔ ان کے ذہن میں یہ بات بٹھا دی جاتی ہے کہ تعلیم کا مقصد حصولِ روزگار کے سوا اور کچھ نہیں اور وہ بچارے مشین کی طرح کام میں جُٹے رہتے ہیں۔ ہمارے بڑے بڑے تعلیمی ادارے طلبہ کو چار دیواری کے اندر انسان کے بجائے مشین بنا رہے ہیں۔ ہمیں فیصلہ کرنا ہوگا کہ اپنی قوم کو مشین بنانا ہے یا تعلیم یافتہ عمدہ انسان۔ یہی وجہ ہے کہ ہماری نئ نسل کے اندر قومی خدمت کا جذبہ مفقود ہے اور ہمارے بہترین اذہان غیروں کی خدمت میں مصروف ہیں۔ اِس کے ساتھ ساتھ قربانی کا جذبہ اور میلان بھی کم ہوتا جارہا ہے اور حب الوطنی تو قریب المرگ بلکہ قریب الدفن ہے۔ بڑے دکھ سے کہنا پڑتا ہے کہ ہماری حکومت تعلیمی نصاب کی بہتری میں کوئی کردار ادا نہیں کر رہی اور ہمارا اسلامی تشخص بری طرح مجروح ہو رہا ہے۔ دراصل ہمارے اندر سے اعتدال پسندی کا عنصر ناپید ہوتا جارہا ہے۔ مذہبی اور دنیاوی تعلیم کو ساتھ ساتھ لے کر چلنے سے ہم گھبراتے ہیں۔ یہی وجہ ہے کہ یا تو آپ کو اِس ملک میں قدامت پسند طبقہ مدرسوں میں ملے گا جو جدید تعلیمی تقاضوں سے ناآشنا ہے یا پھر مغرب پرست جدید تعلیم کا علمبردار طبقہ جو دینی تعلیم کی اہمیت سمجھنے کے لیے ذہنی طور پر آمادہ تو دور کی بات بلکہ باقاعدہ منصوبہ بندی کے تحت متنفر نظر آتا ہے۔

جس دن ہم تربیت اور کردار سازی کو اپنے تعلیمی نظریے میں شامل کرلیں گے اُسی روز سے اِن شاء للہ ہمارا مقدر تبدیل ہونا شروع ہو جائے گا اور تعلیم کا حقیقی تصور شرمندہ تعبیر ہونا شروع ہو جائے گا۔

(٦) عورت کی شخصیت سازی کی اہمیت

سنیہ عدنان

جو کاٹے پر انہوں نے میں آگری زمین پہ
اڑنے کے خواب میں نے دیکھا ہی چھوڑ دیئے

اللہ حافظ ! ایک گھر سے دوسرے گھر تک اور وہاں سے شروع ہونے والا نیا سفر تمہارے لئے انتہائی خوشگوار ثابت ہو۔ ابھی میں اپنی دوست کو اسکی رخصتی کے وقت یہ دعا دے ہی رہی تھی کہ اسکے والد اسکے سرہانے آکھڑے ہوئے اور سر پہ ہاتھ رکھ کے اسکے کان میں کچھ کہا۔ اسکی بڑی بڑی آنکھوں سے آنسو جھلک کر گالوں پہ آگرے۔ میں گھر پہنچ کر اگلی صبح ہونے کا انتظار کرنے لگی کیونکہ میں جاننا چاہتی تھی کہ اسکے والد نے اس سے ایسا کیا کہا؟ اگلے دن میرے پوچھنے پہ اس نے بتایا کہ ابو بے حد اداس ہیں اور وہ کہہ رہے تھے کہ میں اپنی سب سے پیاری بیٹی کو بہت یاد کروں گا جس نے مجھے کبھی شکایت کا موقع نہیں دیا اور جو کبھی اپنے شوہر اور سسرال والوں کو شکایت کا موقع نہیں دے گی۔ میری بیٹی بہت سمجھدار ہے۔ اسکا یہ کہنا تھا کہ مجھے اپنی دوست کی زندگی ٹرین کی ان بوگیوں کی طرح دکھائی دینے لگی جس کے سب سے پہلے ڈبے میں ماں باپ پھر بھائی بہن اسکے دوسرے ڈبے میں شوہر اور سسرال والے پھر بچے اور ان کی ذمہ داریاں، بڑا ہونے سے لے کر پڑھ لکھ کر کسی قابل ہو جانے اور شادیاں ہو جانے تک کا سفر اور سب سے آخری ڈبے میں وہ خود۔ ان سب میں مجھے اس لڑکی کی زندگی کہیں پر بھی محسوس

نہیں ہوئی۔ کیا ایسی زندگی کا انتخاب اسکی اپنی خواہش تھی؟ کیا اس کی اپنی ذات کچھ نہیں تھی۔ میں یہ سوچنے پہ مجبور ہوگئی۔ ہمارے ہاں کے اکثر گھرانوں کی تقریبا ۵۰ سے ۶۰ فیصد عورتیں ایسی ہیں جو گھریلو خاتون بننا اور رہنا پسند کرتی ہیں۔ باقی کا تناسب ان خواتین کا ہے جو کسی مجبوری کے تحت کام کر رہی ہیں۔ اور ایک مختصر ratio ان میں کاروباری اور کیریئر پر مبنی لڑکیوں کا بھی شامل ہے۔ ان تمام عورتوں میں ۹۰٪ لڑکیوں کا تعلق ایسے گھرانوں سے ہے جہاں پر ہوش سنبھالتے ہی ان کے معصوم ذہنوں کو یہ تلقین شروع کر دی جاتی ہے کہ انکی زندگی کی شروعات اسوقت ہوگی جب وہ کسی مرد سے منسلک ہوں گی۔ ہمارے معاشرے میں آج بھی بہت سی ایسی لڑکیاں ہیں جو اپنی زندگیوں کو کسی مقصد کے تحت استعمال میں لانا چاہتی ہیں لیکن وہ اس کے لیے اپنے گھر والوں کی حوصلہ افزائی کی منتظر ہیں کیونکہ ہم انہیں یہ بھروسہ ہی نہیں دیتے کہ وہ خود بھی کچھ کرنے کی صلاحیت رکھتی ہیں بلکہ اس کے برعکس انہیں ایسی تربیت سے بڑا کرتے ہیں جہاں اپنی باری سب سے آخر میں آتی ہے جو آخری دم تک نہیں آپاتی۔ بہت سے والدین آج بھی اپنی بچیوں کو تعلیم محض اس لیے دلاتے ہیں کیونکہ یہ ضروری ہے ان کی یا تو اچھے گھرانوں میں شادیاں ہونے کے لئے یا پھر انکی آنے والی نسلوں کی اچھی تعلیم و تربیت کے لئے کیا آپکو یہ نہیں لگتا کہ ایک خوشحال ماں آپ کی اولاد کی زیادہ اچھی تربیت کر پائے گی؟ ہمارے ہاں کے بہت سے والدین ایسے بھی ہیں جو تحفظ پانے کا یہ آسان راستہ right track سمجھ کے دکھاتے ہیں۔ کیا آپکو یہ نہیں لگتا کہ عورت کا تحفظ آپکی دی ہوئی تعلیم و تربیت میں شامل وہ بھروسہ ہے جو انکو مضبوط بناتا ہے اور مشکلات سے لڑنے کا حوصلہ دے سکتا ہے؟ اگر دیکھا جائے تو ہم اپنی بچیوں کے ذہنوں کو انکی زندگی میں آنے والی ہر خوشی اور ہر خواہش کے لئے دوسروں کا محتاج بنا دیتے ہیں۔ انسان عمر کے کسی بھی حصے

میں ہو دوست کی ضرورت اسے ہر دور میں رہتی ہے۔ جو آپ کسی سے نہیں کہہ سکتے وہ اپنے دوست سے کہہ سکتے ہیں۔ میں نے بڑھتی عمر کی عورتوں کو اکثر ایک اچھے دوست کی کمپنی سے محروم دیکھا۔ اسکی وجہ یہ ہے کہ ہماری ہاں کی عورتیں ایک مخصوص عمر تک گھر کی ذمہ داریوں میں اتنا مصروف رہتی ہیں کہ وہ یہ ذہن بٹانے کا قیمتی وقت اپنے لئے کبھی نہیں نکال پاتیں۔ ایک اچھا اور سچا دوست سیپ میں چھپے موتی کی طرح ہوتا ہے، وہ جس کے ساتھ آپکو وقت گزرنے کا احساس نہ ہو۔ مجھے یہ بات کبھی سمجھ نہ آئی کہ ہمارے معاشرے میں دوستی نبھانے کا حق اور اعزاز صرف مردوں کو ہی کیوں حاصل ہے۔ ایک اور بڑا المیہ ہمارے ہاں ازدواجی رشتے کی وہ معذوری ہے جو رشتے میں حکمرانی کی وجہ سے پیدا ہوتی ہے۔ میاں بیوی ایک گاڑی کا ایندھن ہیں دونوں کا مرتبہ برابر اور قدم بہ قدم چلنے والا ہے۔ اور اس رشتے کی سب سے اہم ضرورت وہ دوستی اور بھروسہ ہے جو آپکو ایک دوسرے سے باندھے رکھتا ہے۔ جس دن اس بھروسے میں دڑاڑ پڑنا شروع ہو جائیں یہ بندھن ڈھیلا ہونا شروع ہو جاتا ہے اور اگر یہ سلسلہ نہ رکے تو بندھن کے ٹوٹنے پر ہی جا کر رکتا ہے۔ ایک مخصوص عمر تک انسانی شخصیت کی نشوونما، زندگی کا وہ اہم دور ہے جس کا گہرا تعلق آپکے اردگرد کے ماحول سے ہے جو خواہ آپ چاہیں یا نا چاہیں آپ پر اثر انداز ہو کر رہتا ہے۔ اپنی شخصیت سازی پہ محنت کرنا ہر انسان کے لئے اہم اور لازمی ہے۔ آپکی شخصیت آپکو آگے بڑھنے اور راستے ہموار کرنے میں نمایاں کردار ادا کرتی ہے۔ خواہ آپکا تعلق کسی بھی شعبے سے ہو یا آپکا شمار گھریلو خواتین میں ہی کیوں نہ ہوتا ہو شخصیت کا نکھار اور اس کو اثر انگیز بنانا سب کے لئے اہمیت رکھتا ہے۔ جب کہ المیہ یہ ہے کہ ہمارے معاشرے میں نہ جانے کیوں شخصیت سازی کو پسند نہیں جاتا یا اس کی جانب توجہ ہی نہیں دی جاتی یا اس کا خاص اہتمام نہیں کیا جاتا۔ آپ نے دیکھا ہو گا کہ درختوں کے پودے

جب بڑھنا شروع ہوتے ہیں تو ان کے کمزور پتلے سے تنے کے ساتھ ایک بانس زمین میں گاڑ کر اس تنے کو اس کے ساتھ باندھ دیا جاتا ہے تاکہ جب تک وہ بالکل سیدھا اپنی جگہ مضبوطی سے کھڑا نہ ہو جائے اور توانا نہ ہو جائے یہ بانس اس کو سہارا دیتا ہے اگر ایسا نہ کیا جائے اور صرف کھاد پانی دیتے رہیں تو وہ ٹیڑھا ہو جائے گا اور بڑا و مضبوط ہونے پر وہ ٹیڑھا ہی رہے گا اور اگر سختی سے سیدھا کیا جائے تو وہ ٹوٹ جائے گا مگر سیدھا نہیں ہو گا۔ یہی معاملہ انسان کا ہے اسے شخصیت سازی کے مواقع اور سہارے دونوں کی ضرورت ہوتی ہے۔ انسان اللہ تعالی کی تخلیق کا شاہکار ہے اسی لیے اشرف المخلوقات ہے اس دنیا میں اللہ تعالی نے جتنے انسان پیدا کئے ہیں خواہ مرد ہو یا عورت سب کو کوئی نہ کوئی صلاحیت ایسی دی ہے جو انکے اندر چھپی ہوتی ہے جسے صرف استعمال کرنے اور تراشنے کی ضرورت ہوتی ہے۔ مثلا کسی میں بیان کی صلاحیت ہوتی ہے تو کسی میں تحریر کرنے کی، کوئی اچھی شاعری کر سکتا ہے تو کوئی اچھی گلوکاری، کوئی بہترین استاد بن سکتا ہے کوئی کھلاڑی یا فن کار کسی میں کچھ ہنر ہے کسی میں کچھ، تو کسی کا اخلاق اچھا، کوئی پڑھائی میں تیز تو کوئی اسپورٹس میں اعلیٰ۔ بس ان صلاحیتوں کو ضائع ہونے سے بچانا گویا انسان کو سلیقے سے جینا سکھانا ہے اور یہ جینا عورت مرد دونوں کو سکھانا ہو گا، دونوں کی صلاحیتوں سے فائدہ اٹھانا ہو گا دونوں کی شخصیت میں نکھار لانا ہو گا، بلکہ عورت پر تو خصوصی توجہ درکار ہوتی ہے تب ہی یہ توقع کی جاسکتی ہے کہ ایک متوازن معاشرے قائم کیا جاسکے۔

آخر میں یہ کہوں گی کہ ایک عورت کام کرنا ضروری صرف اسلئے نہیں ہے کہ آپکو پیسے کمانے ہیں۔ ہم سب صرف پیسوں کے لئے تو کام نہیں کرتے بلکہ کام کرنا ضروری اسلیے ہے کیونکہ یہ صلاحیتیں ہمیں ایک دوسرے سے منفرد بناتی ہیں اور ہماری پہچان بنتی ہیں۔ ہمارا کام کرنا ہماری ذاتی شناخت ہے۔ میں نے بہت سی ایسی گھریلو خواتین بھی

دیکھیں جن میں گھر چلانے کی خداداد صلاحیتیں موجود ہیں۔ گھر چلانا گھر میں موجود افراد اور معاملات کو مینج کرنا ہر کسی کے بس کی بات نہیں۔ تو گویا یہ بھی ایک بڑی صلاحیت ہے۔ اور اپنی صلاحیتوں کا استعمال درست سمت میں کرنا بھی زندگی کا ایک بہت اہم پہلو ہے۔ خدا ہم سب کو سیدھی راہ پہ چلنے اور اس پہ ڈٹے رہنے کی توفیق عطا فرمائے۔

(۷) نئی نسل کی کردار سازی کیسے ؟

پروفیسر احمد سجاد

ہر ملک و قوم اپنی نئی نسل کی کردار سازی کے لیے دو بنیادی امور کو مقدم رکھتی ہے۔ اولاً اس کے معتقدات کو استحکام نصیب ہو، ثانیاً اس کا نظام تعلیم اس کے حال و مستقبل کو معزز و منور کرنے والا ہو۔ مگر ہر نسل کو اپنے عہد کے مختلف چیلنجوں کا ہمیشہ سامنا کرنا پڑتا ہے۔ اس کے بغیر کردار سازی کے کیسے ہی سنہرے اصول وضع کیے جائیں ان کی حیثیت شیخ چلی کے خواب جیسی ہوتی ہے۔ سوال یہ ہے کہ آج کی نسل کے سامنے وہ کون سے ایسے چیلنج ہیں جنھیں کردار سازی کے مراحل میں سامنا کرنا پڑ سکتا ہے۔ عہد حاضر میں وہ چیلنج ذیل کی شکل میں ابھرے ہوئے ہیں:

(۱) تین سو سالہ مغرب کے الحادی نظام علم و حکمت کا غلبہ (۲) برصغیر کا کافرانہ و مشرکانہ ماحول و معاشرہ اور (۳) اُمتِ مسلمہ کی فکری برتری مگر عملی کوتاہی۔

ان تینوں کی ماہیت پر تھوڑا سا غور کرلیں۔ مغرب نے بحیثیت مجموعی عیسائی مذہب قبول کرنے کے باوجود پچھلے تین سو برسوں میں مسیحی پوپ اور پادریوں کی مذہبی تنگ نظری و تعصب، قول و فعل کے تضاد اور عیاشی و دنیاداری کے ردعمل میں دینی اقدار حیات سے متنفر ہو کر بتدریج مادہ پرستی اور الحاد کی طرف مائل ہو کر نفس علم و تعلیم کو دین و دنیا کے ٹکڑوں میں تقسیم کر کے رکھ دیا۔ اب مادیت ہی نہیں صارفیت کا غلبہ ہے۔ روحانی و اخلاقی قدروں کا تیزی سے زوال ہو رہا ہے اور آدمی ایک مشین بنتا جارہا

ہے۔ مادی ضرورتوں کو پورا کرنے کے لیے ناجائز وسائل اور جنسی خواہش کی تکمیل کے لیے حلال و حرام کا فرق و امتیاز ختم ہوتا جارہا ہے۔ نتیجتاً مادی ترقی و معاشی خوشحالی کے باوجود ہر جگہ فحش و بے حیائی، قتل و غارتگری اور لوٹ کھسوٹ کا بازار گرم ہے۔ خدا، کائنات اور انسان کے درمیان رشتوں کا بحران پیدا ہوچکا ہے اور انسان دوبارہ غار اور جنگلوں کی وحشت و درندگی سے بھی پرے جاچکا ہے۔ درندگی کا یہ حال ہے کہ بچیوں کو شکم مادر ہی میں قتل کیا جارہا ہے۔ تلک، جہیز اور معمولی اختلاف پر دلہنوں کو زندہ جلایا جارہا ہے۔ بے اولادی کا غم غلط کرنے کے لیے پرایا پیشہ ور عورتوں کی کوکھ کو کرایہ پر لیا جارہا ہے۔ اور حد تو یہ ہوگئی کہ مرد، مرد سے اور عورت، عورت سے شادی کررہی ہے، ملکی قوانین اس کے حق میں منظور کیے جارہے ہیں۔ اس صورتحال نے تعلیم کا الحادی کرن (Secularization of Education) کردیا ہے۔ چنانچہ مغربی تہذیب نے ہماری تہذیبی پہچان اور انسانی قدروں کو خطرے میں ڈال دیا ہے۔ ذرائع ابلاغ میں کمپیوٹر، ٹیلی ویژن، انٹرنٹ، فیس بک، ٹیوٹر، موبائیل اور ویڈیو کلچر سے "سادگی اور اعلیٰ خیالی" (Plain Living and High Thinking) عنقا ہوتی جارہی ہے۔ انتشار و خلفشار اور مستقبل سے مایوسی نے نئی نسل کے ایک طبقہ کو خودکشی پر آمادہ کردیا ہے۔

حالانکہ عصر حاضر میں بھی مولانا آزادؒ اور مہاتما گاندھی جیسی شخصیات نے اپنی سادگی، خلوص و ایمانداری اور صداقت و عدم تشدد سے نہ صرف دنیا کی سب سے بڑی سامراجی قوت کو اکھاڑ پھینکا بلکہ انسانیت کے سامنے اخلاقی قدروں کی بالادستی قائم کرکے دکھادی۔ اس مغرب زدہ نئی نسل کے استدلالی (Logical) فکر اور توہم پرستی سے بیزاری کے علاوہ اس کا جوش و خروش اور تلاش حق کی جستجو کی بعض خال خال صفات ایسی ہیں جن کی صحیح تعلیم و تربیت سے ایک نئے خوشگوار انقلاب کی شروعات کے امکانات

موجود ہیں۔ اس عمومی عالمی صورتحال پر مستزاد اپنے مادر وطن کی تازہ سیاسی و سماجی صورت حال کچھ کم تشویشناک نہیں۔ ویدک دَور کو واپس لانے، ورن آشرم کو دوبارہ لاگو کرنے، تاریخ کو ہندو دیومالائی اور اساطیری روایات کا پابند بنانے کی کوششیں تیز تر ہوچکی ہیں۔ ملک کا وزیر اعظم کہہ رہا ہے کہ گنیش جی پلاسٹک سرجری کا ایک عمدہ نمونہ تھے۔ ایسا لگتا ہے کہ نہرو اور گاندھی کے نظریے کے برخلاف ویر ساور کر اور ہیڈ گوار کے نظریے پر ملک کو لے جانے کی کوشش تیز ہوچکی ہے۔ دستوری و نظریاتی اداروں اور کلیدی عہدوں پر آر، ایس، ایس کے حامیوں کو بٹھایا جاچکا ہے۔

موہن بھاگوت نے گذشتہ ۱۲/ اکتوبر کو راجدھانی دہلی کے پی، ایچ، ڈی چیمبر آف کامرس اینڈ انڈسٹری میں بہت سی اہم شخصیتوں سے ملاقات کی جن میں ایک بھی قابل ذکر مسلمان یا عیسائی نہیں تھا۔ نعرہ کی حد تک "سب کا ساتھ سب کا وکاس" تو ضرور کہا جاتا ہے مگر بعض ذمہ دار وزرا، ایم، پی اور سیاسی شخصیات نے اعلانیہ باہمی نفرت، فرقہ پرستی اور فرقہ وارانہ فسادات کو ہوا دینا شروع کر دیا ہے۔ کہا جاتا ہے کہ پچھلے چھ ماہ میں چھ سو فرقہ وارانہ فسادات (بشمول مظفر نگر فسادات) رونما ہوچکے ہیں۔ کیرالہ آر، ایس، ایس کے ملیالم ترجمان "کیسری" نے لکھا ہے کہ "نہرو سے اچھا گوڈسے تھا۔ اسے گاندھی کو نہیں نہرو کو مارنا چاہیئے تھا"۔ غرض ملک ایک نظریاتی دوراہے پر کھڑا ہے۔ اب اسکیم یہ ہے کہ تمام یونیورسٹیوں کے وائس چانسلر سنگھ کے پسندیدہ افراد بنائے جائیں، تعلیم و تاریخ کے تمام اعلیٰ عہدوں پر سنگھ کے نظریات کو آگے بڑھانے والے آگے آئیں، ہریانہ اور مہاراشٹر کے وزرائے اعلیٰ کی کرسی پر ایسے لوگوں کو لانے کا سلسلہ شروع ہوچکا ہے ایک خبر یہ بھی ہے کہ دستور کی دفعہ ۳۷۰ ہی نہیں ایک نئے دستور کی بلو پرنٹ بھی تیار ہوچکی ہے۔ تاکہ تعلیم کا "زعفرانی کرن" (Safronization of Education

)کا عمل تیزی کے ساتھ شروع کیا جاسکے۔

سارے جہان کی طرح ہندوستان میں بھی امت مسلمہ کو اللہ تعالیٰ نے بطور خاص نوازہ ہے۔ عالمی سیاسی منظر نامے میں یہ امت کچھ کمزور ضرور ہے مگر دینی و فکری اعتبار سے یہ نظریاتی سوپر پاور کی حیثیت رکھتی ہے۔ اِنَّ الدِّیْنَ عِنْدَاللّٰہِ الِاسْلَام اور دین متین کے قرآن و سنت کی مستحکم تعلیمات سے آج بھی دشمنان اسلام بدحواس ہیں۔ طرح طرح کے پروپیگنڈے اور شعائر اسلام کے خلاف قانونی و سماجی مورچہ بندی کے باوجود اس دین کی مقبولیت میں کوئی کمی نہیں آئی ہے۔ پوری دنیا میں یہ خیر اُمت دوسری سب سے بڑی آبادی مانی جاتی ہے۔ تقریباً ایک ارب ۶۰/ کروڑ کی آبادی جس میں مسلم نوجوانوں کا طبقہ ۶۰/ فیصد یا تقریباً ۷۰/ کروڑ کی تعداد میں ہے۔ اس کے علاوہ کرہ ارضی کا سب سے مردم خیز اور معدنیات سے مالا مال علاقہ اسی قوم مسلم کے تصرف میں ہے۔ یوں عددی، مادی، جغرافیائی اور روحانی ہر اعتبار سے اس امت کا پلڑا بھاری ہے، مگر اس وقت پوری امت کے برسر اقتدار طبقہ کی اکثریت اسرائیلی و امریکی عیاری کا شکار ہے۔ بالخصوص سعودی عرب، عرب امارات، مصر اور لیبیا وغیرہ۔ ع "حرم رسوا ہوا پیر حرم کی کم نگاہی سے"۔ ان حکومتوں نے جگہ جگہ زر خرید مولویوں کے ذریعہ اسلامی لبادہ اوڑھ رکھا ہے۔ اقبالؒ نے سچ کہا تھا کہ یہی شیخ حرم ہے جو چرا کر بیچ کھاتا ہے گلیم بوذرؓ و دلق اویسؓ و چادر زہراؓ چھلی

ایک صدی میں عالم اسلام بڑے بڑے انقلابات سے گذرتا رہا۔ برطانیہ جس کی مملکت میں سورج غروب نہیں ہوتا تھا اور سارے سمندروں پر اس کی حکمرانی تھی۔ مثل مشہور تھا کہ Britannia rules the wave مگر دیکھتے ہی دیکھتے اس کے کالونیل بازو سمٹتے چلے گئے اور مسلم ممالک آزاد ہو گئے پھر یہ محاورہ زبان زد ہوا Britannia had to waive the rule۔ یوں دنیا کی پانچ بڑی طاقتوں کی غلامی سے مسلم دنیا کو نجات ملی۔ ۵۷ آزاد مسلم مملکتوں کا ظہور ہوا۔ محل وقوع کے اعتبار سے کل زمینی رقبہ کا ر ۲۳ فیصد مسلم دنیا کے پاس ہے جو معاشی وسائل سے مالامال ہے اور جس کے پاس پوری دنیا کی توانائی کا ۸۰ فیصد ذخیرہ پایا جاتا ہے، جو علاقہ تمام زمینی، سمندری، ہوائی رابطوں کا مرکز اعصاب مانا جاتا ہے۔ کئی ملکوں میں "بہار عرب" کا وقتی طور پر رخ تو ضرور موڑا جاچکا ہے مگر مسلم عوام اور قائد و حکمراں طبقہ کے درمیان کشمکش اور دوری بڑھتی جارہی ہے۔ امریکہ اور مغربی استعمار کے خلاف نفرت میں ہر روز اضافہ ہوتا جارہا ہے۔ پوری مسلم دنیا میں مزاحمت، جدوجہد اور جہاد جوش و خروش سے جاری ہے۔ جسے دشمن کی سازشی طاقتیں طرح طرح کی گمرہی اور دہشت گردی کا شکار بنارہی ہیں۔ جہاں ایمان عمل کی پہلی بنیاد ہے، جس کی اخلاقی قوت ایمان و عبادت اور معروف و منکر کے نفاذ سے جلا پاتی ہے اور دعوت و قربانی سے نمود و ترقی کی راہ پر گامزن ہوتی ہے۔ یہی اسلام کی وہ ایمانی قوت ہے جو کبھی زہر سے بھی تریاق پیدا کرلیتی ہے۔ جس کی دو روشن مثالیں سامنے کی ہیں۔ اولاً، ملائشیا کی آزادی کے ساتھ ہی برطانیہ، آسٹریلیا اور امریکہ نے وہاں کی نئی نسل کی تعلیم تقریباً اپنے ذمہ لے لیا۔ مگر بالآخر انہیں مغربی تعلیم یافتہ نوجوانوں نے اسلامی تنظیم "ABIM" قائم کرکے مغرب کے چہرے پر خاک مل دی۔ ثانیاً، الجزائر کی نئی مسلم نسل کو فرانسیسیوں کی اخلاق باختگی نے بالآخر "اسلامی فرنٹ" کے ذریعہ ۱۹۹۲ میں ۹۰ فیصد ووٹ کا حقدار بنادیا۔ اسی طرح فلسطین اور لبنان میں حماس نے بدر و حنین کی تاریخ زندہ کردی۔ غرض ع "مسلماں کو مسلماں کردیا طوفان مغرب نے" اقبالؒ کی پیشین گوئی سچ ثابت ہورہی ہے: اسلام کی فطرت میں قدرت نے لچک دی ہے اتنا ہی یہ ابھرے گا، جتنا کہ دبادیں گے اور ہے عیاں یورش تاتار کے افسانے سے پاسباں مل

گئے کعبے کو صنم خانے سے

لہذا نئی نسل کی اگر ہمیں واقعتاً کردار سازی کرنی ہے تو اس دین متین کے قرآن و سنت کی روشنی میں ہمیں اپنے نصاب اور طریقۂ تعلیم کی تعمیر نو کرنی ہوگی، جس کے تین فکری پہلو بڑے اہم ہیں: (۱) حقیقت الحقائق یا حقیقت اصلیہ (Ultimate Reality) اللہ تعالیٰ کی ذات ہے۔ (۲) حتمی اور برتر ذریعۂ علم وحیٔ الٰہی ہے اور اس کی صورت قرآن حکیم اور سنت نبویؐ ہے۔ (۳) قدر اعلیٰ (Root Value) رضائے الٰہی کا حصول ہے۔ ان اصولوں کی وجہ سے اسوۂ نبیؐ کے منہج تعلیم میں نہ ثنویت تھی، نہ طبقاتی کشمکش اور نہ تضادات۔ حضور ﷺ کا تعلیمی نظام کلی طور پر پیغام عمل تھا۔ جہاں ایمان کے بل بوتے پر انسانی سیرت و کردار کی تشکیل ہوتی تھی۔ چنانچہ کردار سازی کے نقطۂ نظر سے تمام نصابی سرگرمیاں بالعموم درج ذیل اہم مقاصد کے گرد مرتب ہوتی تھیں: (الف) ایمان، علم دین اور عمل صالح کی تربیت (ب) دنیا بھر کی قیادت اور اس کے لیے امت واحدہ کی تشکیل اور (ج) عسکری اور مادی قوت کا حصول لہذا محض نصابی پیوند کاری یا دینیات اور اسلامیات کے محض چند اسباق پر مشتمل کتابوں کی تعلیم کردار سازی کے نقطۂ نظر سے کافی نہیں۔

ہمیں علم کو حقیقت میں خدا کا عطیہ سمجھتے ہوئے یہ ماننا ہوگا کہ علم کے سارے خزانے اس کے پاس ہیں۔ اس تناظر میں کردار ساز اسلامی علوم وہ ہو سکتے ہیں جو حس و تجربہ، مشاہدہ اور قیاس و استدلال کے علاوہ وحی کی برتر روشنی مان کر ترتیب دیے گئے ہوں۔ اس نوع کا آفاقی نصاب تعلیم حیات و کائنات کو مکمل ہم آہنگی بخشتا ہے جو ہر دور میں معیار اعلیٰ کا کام دیتا ہے۔ اس نظام تعلیم کی عمارت کی تعمیر کا زیادہ تر انحصار معلم کی مربیانہ اور داعیانہ شخصیت پر ہے جو کردار سازی اور نتیجہ خیزی کے حوالے سے اصل

جوہر ہے۔ استاذ معمار قلب و نظر ہے، جس کا ذاتی تشخص ایمان کی پختگی، صالح عمل، اپنے مضمون پر علمی عبور، موثر حکمت تدریس اور اسلامی مقاصد تعلیم سے گہری وابستگی یہ سب ایسی صفات ہیں جو تدریس اور کردار سازی کے عمل کو موثر اور روحانی تحرک کا باعث بناتی ہیں۔ اس تناظر میں مسلم ملکوں میں اسلامی ریاست اور اقلیتی ملکوں میں مسلم تعلیمی اداروں ، رضاکار تنظیموں (NGOs) مسلم یونیورسٹیوں ، بڑے مدارس اسلامیہ اور دارالعلوموں کی یہ اولین ذمہ داری ہے کہ وہ اساتذہ کی نظریاتی، علمی اور پیشہ ورانہ تربیت کا پورا نصاب بتدریج ابتدا سے انتہا تک، اسلامی اساسیات کی روشنی میں مرتب کریں، بالخصوص تعلیم و تعلم کی تمام سرگرمیوں کو اس محوری نکتہ کے گرد تشکیل دیں کہ دائمی اور برتر نوعیت کا ذریعہ علم وحیٔ الٰہی ہے اور باقی تمام حسی، تجربی اور قیاسی علوم اس بالاتر چشمۂ علم کے تابع ہیں۔ غرض تعلیم کی ہر سطح اور ہر مضمون میں مقاصد تعلیم کے تعین، نصابات کی تشکیل، اساتذہ کے لیکچرز اور ان کے افکار و اعمال، غرض پورے تعلیمی اور تربیتی پروگرام میں اسلامی اقدار کے فروغ کو مرکزی حیثیت دینے کی ضرورت ہے ورنہ نظام تعلیم اسلامی تشخص اور نئی نسل کی کردار سازی سے یقینا محروم رہ جائے گا۔ موجودہ اسلامی نصاب میں کردار سازی کے نقطۂ نظر سے ممکنہ تبدیلیوں کے لیے مندرجہ ذیل نکات قابل لحاظ ہیں:۔

☆ مدارس اسلامیہ میں مروجہ قدیم منطق و فلسفہ کی جگہ فلسفۂ جدید، نفسیات اور معاشیات کو لانا چاہیے۔

☆ مناظرہ کی جگہ تقابلی مذاہب کا نظم ہو کیونکہ آج تہذیبی مذاکرات، مفاہمت، بین المذاہب مجالس اور عالمی اخلاقیات کا دور دورہ ہے۔

☆ قدیم علم کلام کی کتابوں کی جگہ جدید علم کلام مرتب ہو تاکہ مغربی ذہن کے

شکوک وشبہات واعتراضات وسوالات کے جواب دیے جاسکیں۔

☆ چاروں فقہ بے شک حق پر ہیں مگر ان میں تقابلی فقہ بھی پڑھائی جائے تاکہ مسلکی جدال پر قابو پایا جاسکے۔

☆ تدریس کے ساتھ تحقیق وتنقید کا شعور بیدار کیا جائے۔

☆ ہزاروں مدارس اسلامیہ میں لاکھوں اساتذہ کارکردہیں مگر ان کی تدریسی تربیت کا کوئی خاص نظم نہیں۔بی ایڈ کے کورس کو اردو کا جامہ پہنا کر اسلامی علوم کی رعایت سے تدوین شدہ نصابیات کی تعلیم کا نظم قائم کیا جائے۔ تدریب المعلمین کا موجودہ کورس کافی نہیں۔

☆ بطور تخصص انگریزی، ہندی اور کمپیوٹر انٹرنٹ میں مہارت پر توجہ آج کی اہم ضرورت ہے۔ انہیں نظر انداز نہیں کیا جاسکتا کیونکہ اسلام دین اور دنیا کا جامع ہے۔ بقول اقبالؒ:

؎ مشرق سے ہو بیزار نہ مغرب سے حذر کر فطرت کا اشارہ ہے کہ ہر شب کو سحر کر

کل تک انہیں مدارس کے فارغین کی کتابیں صدیوں تک یورپ کی یونیورسٹیوں میں پڑھائی جاتی رہیں۔ یورپ کے پہلے دو مڈیکل کالج سالیرنو اور ماؤنٹ پیلیر میں قائم ہوئے۔ان کے نصاب میں بالخصوص ذکریا الرازی کی الحاوی، ابن سینا کی القانون اور ابو القاسم الزہراوی کی التصریف کے لاطینی ترجمے صدیوں تک پڑھائے جاتے رہے۔ کسی نے سچ کہا ہے کہ "بعد کو ریاضی، طب، ہیئت اور جغرافیہ کا دائرہ سکڑ گیا تو علما کی امامت کا دائرہ آفاق سے گھٹ کے مسجد تک محدود ہو گیا"۔

یہ صحیح ہے کہ مدارس اسلامیہ کے نصاب میں جو بھی تبدیلی ہو باہر سے تھوپی ہوئی نہ ہو بلکہ ان کی اپنی مرضی سے سوچی سمجھی ہو۔

اگر ایسا نصاب اور ایسے معلمین تیار کیے جاسکے تو پھر ان کے ہاتھوں طلبا کی جو کردار سازی ہو گی ان میں درج ذیل اوصاف یقیناً پیدا ہو سکیں گے :۔

(۱) اسلام اور اس کی تہذیب پر فخر اور اسے دنیا میں غالب کرنے کا عزم

(۲) اسلامی اخلاق سے انصاف اور اسلامی احکام کی پابندی

(۳) دین میں تفقہ اور مجتہدانہ بصیرت

(۴) تنگ نظر فرقہ بندی سے پاک

(۵) تحریر و تقریر اور بحث کی عمدہ صلاحیتیں اور تبلیغ دین کے لیے مناسب قابلیتیں

(۶) جفاکشی، محنت، چستی اور اپنے ہاتھ سے ہر طرح کے کام کر لینے کی صلاحیت

(۷) تنظیم و انتظام اور قیادت کی صلاحیتیں

ایسے ہی باکردار طلبا عقابی روح کے حامل ہوں گے۔

(۸) شخصیت سازی میں مطالعہ انتہائی اہم

شبیر احمد بٹ

کاغذ کی یہ مہک یہ نشہ روٹھنے کو ہے
یہ آخری صدی ہے کتابوں سے عشق کی

مطالعہ تحصیل علم کا ایک اہم زیور ہے۔ یہ ایک انسان کے عقل و شعور کو جلا بخشتا ہے۔ اسے زیرک بناتا ہے۔ اس کی استعداد اور صلاحیتوں کو پروان چڑھاتا ہے۔ وسیع و دقیق مطالعہ کے بغیر انسان کا ذہن ادراک کی اس سطح تک رسائی حاصل نہیں کر سکتا جہاں سے وہ مفید و مضر، کھرے و کھوٹے اور اعلیٰ و ادنیٰ کے مابین فرق کو سمجھ سکے۔ مطالعہ کرنے والے کا بیان ہو، تقریر ہو یا کسی نیکی کی دعوت یہ بہت ہی موثر ہوتی ہے اور اس میں غلطی کے امکان زیادہ نہیں ہوتے ہیں۔ اگر دو تین دن کسی کتاب کا مطالعہ نہ کیا جائے تو اگلے روز گفتگو میں وہ شیرینی اور تاثیر باقی نہیں رہے گی۔ کتابوں کے مطالعہ سے ہمیں ٹھوس دلائل دینے اور بات کرنے کا سلیقہ آتا ہے۔ اچھی کتابوں کا مطالعہ انسان کو مہذب بناتا ہے۔ شخصیت میں نکھار اور وقار عطا کرتا ہے۔

مطالعہ کے دوران ذہنی سکون نصیب ہوتا ہے اور طبیعت میں نشاط اور ذہن کو تازگی ملتی ہے۔ مطالعہ کتابوں کا ہو یا اچھی تحریروں کا یہ ایک مفید مشغلہ ہے جو قلب و ذہن کو روشن کرتا ہے، ذہنی تناؤ کو کم کرتا ہے۔ اللہ تبارک و تعالیٰ نے بھی حصول علم کا حکم دیا اور اس کی اہمیت کو اجاگر کرتے ہوئے اپنا سب سے پہلا پیغام انسانیت کے نام بھی

یہی بھیجا اور ارشاد فرمایا اقراء باسم ربک الزی خلق۔

حصول علم ہے ہر اک فعل سے بہتر
دوست نہیں ہے کوئی کتاب سے بہتر

مطالعہ سے خاموش رہنے کی عادت پڑتی ہے جو کہ بذات خود بہت ساری خوبیوں کا سرچشمہ ہے۔ جنرل آف سوشل سائنس اینڈ میڈیسن میں تحقیق شائع ہوئی تھی کہ کتابوں کا مطالعہ زندگی بڑھانے اور طویل عمری کی وجہ بھی ہو سکتا ہے۔ مدارس، سکول ،کالج اور یونیورسٹیاں طالب علم کو علم و دانش کی دہلیز تک لا کر کھڑا تو کر دیتی ہے لیکن تحصیل علم کا اصل سفر اس کے بعد سے ہی شروع ہوتا ہے ایک استاد آپ کو کامیابی و کامرانی کی شاہراہ کی طرف رہنمائی تو کر سکتا ہے لیکن اس شاہراہ پر چلنے کی ذمہ داری خود ایک طالب علم کی ہے۔ کتابیں آپ کو علوم وفنون سکھاتی ہے۔ اذہان قلب کو منور کرتی ہیں۔ آپ کو آداب اور سلیقے سکھاتی ہیں۔

جب کتابوں سے میری بات نہیں ہوتی ہے
تب میری رات میری رات نہیں ہوتی ہے

مجھے پرفیسر آرنلڈ کا وہ واقعہ یاد آرہا ہے جو مولانا شبلی نے بیان کیا ہے کہ ہم جہاز میں سفر کر رہے تھے کہ اچانک جہاز کا انجن ٹوٹ گیا اور جہاز میں سوار سبھی یہاں تک کہ کپتان بھی گھبرائے ادھر اُدھر پھر رہے تھے۔ جہاز کا انجن بالکل بیکار ہو گیا تھا اور جہاز ہوا کے سہارے آہستہ آہستہ چل رہا تھا۔ شبلی لکھتے ہیں میں بہت گھبرایا اور دوڑا ہوا مسٹر آرنلڈ کے پاس گیا، وہ اس وقت نہایت اطمینان کے ساتھ کتاب کا مطالعہ کر رہا تھا۔ میں نے کہا کہ آپ کو کچھ خبر بھی ہے۔ بولے :-ہاں جہاز کا انجن ٹوٹ گیا ہے۔ میں نے کہا آپ کو کوئی فکر نہیں ہے بھلا یہ بھی کوئی کتاب پڑھنے کا موقع ہے۔ آرنلڈ کہنے لگے اگر جہاز کو برباد ہی

ہونا ہے تو یہ تھوڑا سا وقت اور بھی قدر کے قابل ہے ایسے قابل قدر وقت کو رائیگاں کرنا بالکل بے عقلی ہے۔ غرض اگر مرنا ہی ہے تو بہتر ہے کہ مرنے سے قبل کچھ جان کر، سیکھ کر مرا جائے۔

بے شک کتابیں تنہائی کی بہترین ساتھی ہیں۔ کتاب اور طالب علم کے مابین روح اور جسم کا رشتہ ہے۔ کتاب وہ ہم سفر ہے جو اپنے ساتھی کو دور دراز کے علاقوں اور شہروں کی سیر کرا دیتی ہے۔ قوم کی تعمیر و تشکیل میں بھی مطالعہ کی اہمیت قابل بیان ہے۔ کتاب دوستی اور احترامِ کتاب زندہ قوموں کی نشانی ہے۔ جس قوم کے طالب علم سستی کتابیں خریدنے میں بھی عار اور مہنگے جوتے خریدنے میں فخر محسوس کرتے ہیں تو اس قوم کا مستقبل کیسا ہو گا، یہ لمحہ فکریہ ہے۔

اس شہر میں کتنے چہرے تھے، کچھ یاد نہیں سب بھول گئے
اک شخص کتابوں جیسا تھا وہ شخص زبانی یاد ہوا

(۹) ادب اور شخصیت
ممتاز حسین

اس موضوع کے دو متضاد پہلو ہیں۔ ایک تو یہ کہ ادب یا فن شخصیت کا اظہار ہے اور دوسرا یہ کہ ادب یا فن شخصیت سے گریز ہے۔ غالباً شاعری سے متعلق ورڈس ورتھ کے اس رومانی بیان کی تردید میں کہ شاعری وفور جذبے کا بر افتادہ اظہار ہے، ٹی ایس ایلیٹ نے اپنا یہ بیان دیا کہ شاعری شخصیت سے گریز ہے نہ کہ اس کا اظہار اور اپنے اس خیال کی تائید میں ایک بھرپور مضمون ۱۹۲۱ء میں "روایت اور انفرادی صلاحیت" کے عنوان سے لکھا۔ چونکہ تنقیدی ادب میں یہ موضوع زیر بحث اسی مضمون کے بعد آیا، اس لئے موضوع کی وضاحت ضروری معلوم ہوتی ہے۔ وہ لکھتے ہیں کہ،

"شاعری جذبات کا اخراج نہیں بلکہ جذبات سے گریز ہے۔ یہ شخصیت کا اظہار نہیں بلکہ شخصیت سے گریز ہے۔" اور اپنے اس نقطہ نظر کی وضاحت ان الفاظ میں کرتے ہیں، "شاعر کے پاس اظہار کے لئے کوئی شخصیت نہیں ہوا کرتی بلکہ ایک مخصوص میڈیم ہوتا ہے جس میں اس کے تجربات اور تاثرات غیر متوقع اور نت نئے انداز میں متشکل ہوتے رہتے ہیں۔ ممکن ہے کہ وہ تجربات اور تاثرات جو ایک آدمی یا شخصیت کے نقطہ نظر سے اہم ہوں، اس کی شاعری میں بالکل ہی راہ نہ پائیں اور اسی طرح وہ تجربات اور تاثرات جو اس کی شاعری میں اہم ہیں وہ شخصیت کے نقطہ نظر سے بالکل ہی ناقابل اعتنا تصور کئے جائیں۔"

ایلیٹ کا آخری جملہ اس چیز کی طرف کھلا ہوا اشارہ کرتا ہے کہ وہ شاعر کی عملی ذات

کو اس کی تخلیقی ذات سے جدا کرنا چاہتے ہیں۔ چنانچہ وہ لکھتے ہیں کہ "جتنا زیادہ ایک فنکار مکمل ہوگا اتنا ہی زیادہ اس کا نفس حاسہ یا اس کا اثر پذیر ذہن اس کے تخلیقی ذہن سے مکمل طور پر جدا ہوگا اور ایسا اس لئے ہوتا ہے کہ اسی وقت اس کا تخلیقی ذہن زیادہ مکمل طریقے سے میٹیریل (MATERIAL) یعنی جذبات کو ہضم کر سکے گا۔ اگر ایلیٹ اپنی بات کو یہیں ختم کر دیتے تو اس کے سمجھنے میں زیادہ وقت نہیں ہوتی لیکن جب وہ اپنے مذکورہ جملے کے ساتھ حسب ذیل جملوں کا بھی اضافہ کرتے ہیں تو ان کی یہ بات بڑی پیچیدہ سی ہو جاتی ہے۔

"بڑی شاعری کسی بھی جذبے کے براہ راست استعمال کے بغیر بھی ممکن ہے۔ وہ خالصتاً احساس (FEELING) کی شاعری ہو سکتی ہے۔ شاعر کا کام نئے جذبات کو پانا نہیں بلکہ کسی معمولی سے جذبے کو شاعری کے ذریعے استعمال کرنا ہے۔ بالفاظ دیگر ایسے احساسات کا اظہار کرنا جو محرک جذبے سے آزاد ہوتے ہیں۔"

اب سوال یہ ہے کہ اگر بڑی شاعری کسی بھی جذبے کے براہ راست استعمال کے بغیر ممکن ہے تو پھر کسی معمولی جذبے کو ازراہ بہانہ ہی سہی، شاعری کے ذریعے استعمال کرنے کی کیا ضرورت ہے۔ شاید اس کا جواب یہ ہو کہ وہ ایک ایسے لنگر کی خدمت انجام دیتا ہے جو شاعر کے بھٹکتے ہوئے احساسات اور تصورات کو پھنسانے میں مددگار ہوتا ہے۔ میرا خیال ہے کہ ایلیٹ کے "معروضی تلازمات" (OBJECTIVE CORRELATIVES) کے نظریے کا اطلاق یہاں پر اسی طرح کیا جا سکتا ہے۔ بہرحال یہ بات اپنی جگہ پر واضح ہے کہ وہ شعر کی تخلیق میں جذبات کی شدت کو نہیں بلکہ تحریک تخلیق کے دباؤ کو اہم قرار دیتے ہیں اور شاعر کو اس کے اس عمل میں تخلیق کے میٹیریل سے غیر متاثر اور غیر جانب دار قرار دیتے ہیں۔ ایسی صورت میں جیسا کہ وہ خود

بھی کہتے ہیں، ان کے یہاں شاعری کا اصل مسئلہ شاعر کے لئے اپنی زبان کی خدمت کا ہے نہ کہ کسی اور چیز کا۔

ایلیٹ نے شاعری کا یہ شخصیت گریز نظریہ، جسے انہوں نے غیر شخصی نظریہ فن کے نام سے بھی یاد کیا ہے کچھ رومانی یا جوشیلی جذباتی شاعری کی تردید ہی میں پیش نہیں کیا ہے بلکہ اس میں کچھ انہوں نے اپنی ٹھنڈی شاعری کا جواز بھی پیش کیا ہے اور یہ محض ان کا انکسار نفس ہے کہ وہ اس شخصیت گریز نظریہ فن کی توضیح میں کوئی مثال اپنی شاعری سے نہیں بلکہ ڈانٹے اور کیٹس کی شاعری سے دیتے ہیں۔ مثال کے طور پر وہ کیٹس کی نظم (NIGHTINGALE) کو پیش کرتے ہیں۔ جہاں شاعر بقول ایلیٹ بلبل کے جذبات کو نہیں (گویا کوئی شاعر بلبل کے جذبات کو بھی نظم کر سکتا ہے) بلکہ اپنے بھٹکتے ہوئے احساسات اور تصورات کو معروضی تلازمات کی بنا پر بلبل کا سہارا لے کر نظم کر رہا ہے۔

اگر میرا مقصد یہ ہوتا کہ میں ایلیٹ کی اس مثال ہی کو نامناسب بتاؤں تو بے شک اس نظم کو زیر بحث لاتا، لیکن میرا یہ مقصد کب ہے۔ میں تو یہ بتانا چاہتا ہوں کہ ایک آدھ مثال سے خواہ وہ ڈانٹے کی نظم ہو یا کیٹس کی نظم، ان کی یہ تعمیم کرسی نشین نہیں ہوتی کہ شاعری شخصیت یا جذبات سے فرار ہے۔ کیٹس ایک لیریکل شاعر ہے۔ اس نے ایسی نظمیں بھی تو کہی ہیں جن میں اس نے اپنے جذبات کا براہ راست اظہار کیا ہے اور ہمارے یہاں تو میر، غالب اور اقبال سبھی نے بیشتر "اپنے بھٹکے ہوئے احساسات اور تصورات" کا نہیں بلکہ اپنے ٹھہرے ہوئے جذبات کا اظہار کیا ہے۔ ایسی صورت میں ہم ایلیٹ کے اس شخصیت گریز نظریہ آرٹ کو کسی عالم گیر صداقت پر مبنی تصور نہیں کر سکتے کیونکہ اس کا اطلاق نہ تو بالعموم ہماری شاعری پر ہوتا ہے اور نہ دنیا کی بڑی شاعری پر۔ کیا میر اس وجہ سے کوئی ایک چھوٹے شاعر قرار پائیں گے کہ ان کی شاعری میں ان کی شخصیت جھلکتی

ہوئی نظر آتی ہے۔

مجھ کو شاعر نہ کہو میر کہ صاحب میں نے
درد و غم کتنے کئے جمع تو دیوان کیا

اور کیا علامہ اقبال اس وجہ سے ایک بڑے شاعر نہ قرار پائیں گے کہ ان کی شاعری جذبات کو متحرک کر کے عمل پر اکساتی ہے۔ یہ سوالات بر محل ہیں۔ لیکن اگر یہاں یہ گمان گزر رہا ہو کہ میں آپ کی قومی عصبیت کو ابھار رہا ہوں تو فی الحال ان حضرات کے ذکر کو ملتوی رکھتا ہوں اور اسی انگریزی زبان کے ایک دوسرے شاعر اور ناقد کی رائے کو پیش کرنا چاہتا ہوں جس نے ایلیٹ کے اس شخصیت گریز نظریہ فن کی تردید کی ہے۔ ان کا نام ہربرٹ ریڈ ہے انہوں نے اپنے ایک مضمون "شاعر کی شخصیت" میں، جسے انہوں نے ایلیٹ کے نقطہ نظر کی تردید میں لکھا ہے، یہ نقطہ نظر اختیار کیا ہے کہ شاعری اپنی شخصیت سے آگہی ہے نہ کہ اس سے فرار۔ ہربرٹ ریڈ کا یہ مضمون کسی قدر پیچیدہ بھی ہے اور یہ پیچیدگی اس لئے پیدا ہوئی ہے کہ انہوں نے ٹی ایس ایلیٹ کی طرح شخصیت کے مفہوم کو متعین کرنے کی ذمہ داری سے اپنا پیچھا نہیں چھڑایا ہے لیکن شخصیت کی بحث سے متعلق ان کے مضمون میں بہت سے کھانچے ہیں۔

انہوں نے شخصیت کو جہاں کردار یا کیرکٹر کی ضد قرار دیا ہے، وہاں ایلیٹ کے نظریہ شاعری سے اختلاف کرتے ہوئے کم از کم اس مسئلے پر ان کے ہم خیال بھی نظر آتے ہیں کہ شاعر کی ذات اس کی عملی ذات سے جدا ہوتی ہے۔ لیکن ایلیٹ سے ان کا یہ اتفاق رائے جزوی ہے ورنہ بنیادی اعتبار سے انہوں نے ایلیٹ کے غیر شخصی نظریہ فن کی شد و مد سے مخالفت ہی کی ہے اور اپنے مضمون کا مقصد اسی مخالفت کو ٹھہرایا ہے۔ وہ لکھتے ہیں کہ "یہ صرف فیضان (INSPIRATION) ہی نہیں ہے جس سے کوئی شخص شاعر

بنتا ہے، بنیادی قوت اپنی شخصیت کی آگہی ہے اور اس شخصیت کے تخلیقی عمل اور تحرک کو اندرونی بغاوت اور انتشار سے بچاتے ہوئے پروان چڑھانے کی صلاحیت ہے۔"

ان کا یہ جملہ واضح طور سے بتا رہا ہے کہ وہ ادب یا فن کی بنیادی قوت شخصیت کی آگہی قرار دیتے ہیں نہ کہ اس سے فرار اور چونکہ کم و بیش میں بھی اسی خیال کا حامی ہوں، اس لئے اس کی توضیح کو اس وقت تک ملتوی رکھتا ہوں جب تک کہ ان کے مذکورہ مضمون کے اس حصے کو زیر بحث نہ لاؤں جہاں وہ شخصیت کو کردار کی ضد قرار دیتے ہیں کیونکہ وہا ں مجھے ان کے نظریہ شخصیت سے سخت اختلاف ہے۔ شخصیت سے متعلق ہربرٹ ریڈ کا یہ کہنا ہے کہ کیریکٹر یا کردار شخصیت کی ضد ہوتا ہے۔ کیرکٹر ایک ٹھوس اوراٹل شے ہے، وہ ایک آئیڈیل اپنے سامنے رکھتا ہے جس کے لئے وہ اپنے جذبات کا پیہم خون کرتا رہتا ہے۔ وہ اپنے کو حالات کے مطابق بدلتا نہیں بلکہ اڑا رہتا ہے۔ کیرکٹر کی یہ خصوصیات ہربرٹ ریڈ کے الفاظ میں ایک "آزاد افتاد طبع" یا شخصیت کے منافی ہے اور وہ اس آزاد افتاع طبع یا شخصیت کی تعریف اپنے الفاظ میں نہیں بلکہ ریمنڈ فرنینڈز کے الفاظ میں اس طرح کرتے ہیں۔

"ایک آئیڈیل شخصیت اس شخص کی ہوتی ہے جو اپنے وجود کو ہمیشہ اپنے خیالات کے تحرک کے مطابق بدلتا رہتا ہے۔ کیرکٹر کے سامنے ایک آئیڈیل ہوتا ہے اور وہ اس آئیڈیل کے حصول کے لئے اپنے جذبات کا خون کرتا رہتا ہے۔ برخلاف اس کے شخصیت کے سامنے کوئی ایسا آئیڈیل نہیں ہوتا ہے۔ یہ ایک متحرک طریق فکر ہے جو ہمارے بے شمار جذبات اور سینٹمینٹس کے درمیان ایک رشتہ توازن کو قائم رکھتی ہے۔"

ادب کے نقطہ نگاہ سے دیکھتے ہوئے ہربرٹ ریڈ، ریمنڈ فرنینڈز کے اس خیال کے مدعی اس لئے بنے ہیں کہ ایک آزاد افتاد طبع یا ایک شخصیت اپنے بے روک ٹوک بہاؤ کے

باعث فیضان شاعری کے لئے ہمیشہ چشم براہ رہتی ہے اور کیریکٹر جسے کہ وہ ٹھوس اور اٹل قرار دیتے ہیں، جامد اور اڑیل ہونے کے باعث فیضان شاعری سے محروم رہتا ہے۔ لیکن اس سے پہلے ہم یہ بتا چکے ہیں کہ ہربرٹ ریڈ کسی بھی شخص کے شاعر بننے کے لئے تنہا فیضان کو ضروری نہیں سمجھتے بلکہ اس کے برعکس اس کے لئے بنیادی قوت، شخصیت کی آگہی ٹھہراتے ہیں۔ کیا یہ ایک کھلا ہوا تضاد نہیں ہے۔ ایک طرف تو وہ فرائڈ کے ایگو کو شخصیت کا مرکزی نقطہ تصور کرتے ہیں جس کی بنیادی خصوصیت اس کی وہ قوت مدافعت ہے جس سے کہ وہ کیرکٹر بنتا ہے تو دوسری طرف وہ شخصیت کو صرف جذبات اور سینٹمینٹس کے ایک توازن رشتہ کا نام دیتے ہیں یعنی ایگو کو چھوڑ کر صرف اڈ(ID) پر نگاہ رکھتے ہیں۔ شاید اس لئے کہ وہ جس نتیجے پر پہنچنا چاہتے ہیں یعنی شخصیت کو کیریکٹر کی ضد قرار دینا، اس میں فرائڈ کا ایگو بڑا اڑنگا لگاتا ہے۔

ہمیں ہربرٹ ریڈ کی اس کوشش سے بڑی ہمدردی ہے لیکن اسے کیا کیا جائے کہ کیا طبعیات اور کیا نفسیات، ان دونوں ہی علوم میں حرکت، مدافعت کے ساتھ پیوست ہے اور جو مفہوم کہ ایک آئیڈیل شخصیت کا ہربرٹ ریڈ نے ریمنڈ فرنینڈیز کے الفاظ میں پیش کیا ہے وہ کسی آئیڈیل شخصیت کا نہیں بلکہ بے پیندی کی شخصیت کا ہے۔ شخصیت بے شک تحرک پذیر ہوتی ہے لیکن تغیر پذیر ہونے اور کوئی کیرکٹر نہ رکھنے میں بڑا فرق ہے۔ ایک باشعور اور صاحب کردار آدمی بھی اپنے خیالات کے تحرک کے مطابق بدلتا رہتا ہے۔ وہ شخصیت ہی کیا جو متحرک اور ترقی پذیر نہ ہو۔ لیکن اسے ایک ابن الوقت یا تھالی کے بیگن کا نام نہیں دیا جا سکتا ہے۔ ان دونوں کے درمیان بڑا فرق ہے۔ اول الذکر روشن خیال اور آخرالذکر ضمیر فروش ہو سکتا ہے۔ ایک لچکنا اور اکڑنا دونوں ہی جانتا ہے اور دوسرا صرف لچکنا اور بہنا۔ ایک آگ اور پانی دونوں ہی ہے اور دوسرا تمام تر پانی۔ کبھی اس قدر از خود

رفتہ کہ،

دل پھر طواف کوئے ملامت کو جائے ہے
پندار کا صنم کدہ ویراں کئے ہوئے
اور کبھی اس قدر خوددار کہ
الٹے پھر آئے در کعبہ اگر وا نہ ہوا

کبھی اس قدر بے صبر کہ ہر تیز رو کے ساتھ چل پڑے اور کبھی اس قدر متوازن کہ جناب خضر کو بھی 'ایک ہم سفر' جانے۔ انسان کی جو عام فطرت ہے اس سے کسی شاعر کی فطرت وارستہ نہیں ہے۔ اگر دنیا میں ایسے شعرا گزرے ہیں جو اپنے جذبات کی رو میں بہتے رہے ہیں، تو ایسے شعرا بھی رہے ہیں جنہوں نے اپنے جنوں یا جذبات کو شعور سے لگام بھی دی ہے،

کیا جنوں کر گیا شعور سے وہ

شعرا کی شخصیتوں میں شعور اور جنوں کی یہ جو دو علامتیں ہیں، انہیں کے امتزاج کامل میں ایک شاعر کی آئیڈیل شخصیت کا راز مضمر ہے۔ ہماری معقولاتی طبیعت اتنی ہی فطری ہے جتنی کہ ہماری غیر معقولاتی طبیعت۔ ایسی صورت میں شخصیت ہمارے جذبات اور سینٹمینٹس کے درمیان نہیں بلکہ ہماری معقول اور غیر معقول طبیعتوں کے درمیان ایک توازن رشتہ قائم رکھتی ہے۔ ظاہر ہے کہ اس طبیعت میں جذبات اور سینٹمینٹس کے ساتھ ساتھ شعور، قوت مدافعت، قوت ارادہ، قوت عمل اور پھر ان سب میں نظم و ضبط پیدا کرنے والی معقولیت بھی شامل کرے۔ ہربرٹ ریڈ کے یہاں تو شخصیت صرف جذبات اور سینٹمینٹس ہی تک محدود ہے۔ ایسی صورت میں اگر انہوں نے شخصیت کو کیرکٹر کی ضد قرار دیا تو اس میں کوئی تعجب نہیں کیونکہ ان کے ہاں آئیڈیل شخصیت بغیر

کردار کے ہے اور ہماری نظر میں آئیڈیل شخصیت وہ ہے جس میں کردار بھی ہو۔

ہربرٹ ریڈ نے شخصیت کی اس تعریف سے جہاں ایک طرف انقلابی جذبات یا روبہ عمل جذبات کو ابھارنے والی شاعری کو اقلیم سخن سے خارج کیا ہے بلکہ دانستہ طور سے ادب اس کے آئیڈیلٹی (IDEALITY) کے عنصر کو بھی خارج کر دیا ہے۔ کیونکہ ان کے یہاں آئیڈیل شخصیت آئیڈیل سے عاری ہوتی ہے۔ یہ بھی ایک عجیب آئیڈیل ہے اور کیا عجب جو ان کا یہ آئیڈیل ان کے اس فلسفہ نراجیت کا حامل ہو کہ انسان ہر قسم کے قیود سے آزاد ہے۔ یا شاید اس نظریہ شاعری کا جانب دار ہو کہ شاعری میں صرف لاشعور کا اظہار کرنا چاہیئے جو بعض اوقات تحت الانسانی یا حیوانی اقدار کی تبلیغ کا روپ بھی اختیار کر لیتی ہے۔ مجھے اس سے انکار نہیں کہ آدمی ایک حیوان ہے لیکن اسی کے ساتھ ساتھ مجھے اس کے انسان ہونے پر بھی یقین ہے۔ میں نے ہربرٹ ریڈ کے نظریہ شخصیت کے رد کرنے کی جو ضرورت محسوس کی تو اس کا سبب یہی ہے کہ وہ نظریہ تمام تر جبلی تقاضوں کا حامل ہے۔

ہربرٹ ریڈ کا یہ کہنا غلط نہیں ہے کہ شاعری کی بنیادی قوت اپنی شخصیت کی آگہی ہے۔ ان کا تو صرف یہ کہنا غلط ہے کہ شاعر کی شخصیت میں کیریکٹر نہیں ہوتا یعنی اس کی شخصیت، قوت مدافعت، قوت ارادی، قوت عمل یعنی کسی آئیڈیل اور شعور سے آزاد ہوتی ہے اور ہم اپنے اس خیال کی حمایت میں دنیا کے بہت سے ایسے مسلم الثبوت شعرا کی شخصیتیں پیش کر سکتے ہیں جن میں کیرکٹر کی کمی نہیں رہی ہے اور نہ ایسا ہی ہے کہ ان کے کیرکٹر کا دباؤ ان کی شاعری میں محسوس نہ کیا جاتا ہو۔ گزشتہ صدی میں جو ایک نیا مشرق الجزائر سے لے کر جاپان تک ابھرا ہے، میری مراد اس مشرق سے ہے جو مغرب کی سیاسی غلام سے آزاد ہوا ہے یا کہ آزادی کی جدوجہد میں مشغول ہے، اس نئے مشرق

کے ادیبوں اور شاعروں کی شخصیتیں اور ان کا ادب ہربریٹ ریڈ کے کردار کش نظریہ شخصیت اور ایلیٹ کے شخصیت گریز نظریہ فن دونوں ہی کی تردید کر رہا ہے۔ نام گنوانے سے کیا فائدہ، کیوں نہ پاکستان ہی کے دو نامور شعر علامہ اقبال اور قاضی نذرالاسلام کو لے لیا جائے۔

کیا نذرالاسلام کی شخصیت اس لئے غیر شاعرانہ ہے کہ اس میں کیریکٹر پایا جاتا ہے اور کیا علامہ اقبال کا کلام اس لئے اقلیم سخن سے خارج کر دیے جانے کے لائق ہے کہ اس میں موجہ آہنگ عمل پرور پائی جاتی ہے۔ اگر ایسا نہیں ہے اور آپ یہ بھی محسوس کرتے ہیں کہ آپ کے جذبہ عصبیت سے نہیں کھیل رہا ہوں تو پھر آپ کو ان کے نظریات کے غائتی میلانات کا بھی سراغ لگانا چاہئے۔ کیونکہ ہم نے شعر و شاعری کچھ چند صدیوں میں تو سیکھی نہیں ہے کہ ان نظریات کے پس منظر سے ناآشنا ہوں۔ ہم سے زیادہ لذت شعر کا چسکا کسے رہا ہوگا۔ ایلیٹ اپنے مذکور مضمون روایت اور انفرادی صلاحیت (TRADITIONS & THE INDIVIDUAL TALENT) میں لکھتے ہیں کہ "ہم یہ دعوی کسی قدر اعتماد کے ساتھ کر سکتے ہیں کہ ہمارا دور زوال کا ہے اور ہمارے یہاں کلچر کا جو آج معیار ہے وہ گزشتہ پچاس برس کے کلچر کے مقابلہ میں بہت پست ہے اور اس زوال کی شہادتیں ہمارے اپنے سارے شعبہ حیات میں پائی جاتی ہیں اور کوئی سبب نظر نہیں آتا کہ ہمارے اس زوال کی رفتار اور بھی زیادہ کیوں نہ تیز ہو جائے اور ہم ایک ایسے دور میں نہ پہنچ جائیں جب کچھ عرصہ کے لئے ہمارے پاس کوئی کلچر ہی نہ رہ جائے۔"

اگر ایلیٹ کے اس زریں مشاہدے کی روشنی میں ہم یہ نتیجہ اخذ کرنے پر مجبور ہوتے ہیں کہ ایلیٹ کا شخصیت گریز نظریہ فن اور ہربرٹ ریڈ کا کیرکٹر کش نظریہ

شخصیت یہ ددنوں ہی ایک زوال پذیر معاشرے کی پیداوار ہیں تو مجھے امید ہے کہ اس سلسلے میں ہم پر کسی تعصب کا الزام نہیں لگایا جاسکتا۔ اس زریں مشاہدے کی روشنی میں یہ بات بھی سمجھ میں آتی ہے کہ کیوں وہ دونوں ہی قوم کو جگانے والی شاعری اور شخصیت میں کیرکٹر کی حکمرانی سے خائف ہیں۔ بات یہ ہے کہ ہمارا "ابن الوقت" ان کے نوآبادیاتی نظام کے لئے موزوں رہا ہے۔ لیکن جب سے کہ نوآبادیاتی نظام کے خلاف آزادی کی جدوجہد چلی ہے ہماراوہ "ابن الوقت" اپنی سماجی اہمیت کھونے لگا ہے۔ اب وہ سامراجی نظام کے قیام میں مددگار نہیں ہے۔ ممکن ہے کہ سرہربرٹ ریڈ کے یہاں کیرکٹر سے یہ خوف کچھ اسی باعث ہو یاپھر اس باعث ہو کہ وہ اپنے فلسفہ نراجیت میں کسی قسم کے کنٹرول کو شخصیت کے منافی تصور کرتے ہیں۔

رہ گئے جذبات اور سینٹمینٹس تو ان کا بھی کیا بھروسہ، آخر ہمارے یہاں جذبات ہی سے تو ایک انقلابی شاعری کی گئی ہے۔ جذبات کچھ رونے دھونے اور عشق و محبت ہی کے تو نہیں ہوتے۔ وہ عمل و حرکت کے بھی تو ہوتے ہیں۔ پھر ٹی ایس ایلیٹ کو ان جذبات کو ابھارنے سے کیا ملے گا جب کہ ان کی تمام تر جدوجہد شیطان کو انجیل پڑھانے کی رہی ہے۔ ظاہر ہے کہ شیطان مسیحیت پر تو ایمان لانے سے رہا۔ ایسی صورت میں اس سے مفر تو اسے صرف ٹھنڈا ہی رکھنے میں ہے۔ یہ ہے سبب ان کے یہاں جذبات سے گریز کرنے اور خشک اور ٹھنڈی شاعری کرنے کا۔

یہ جو چند باتیں میں نے ایلیٹ اور ہربرٹ ریڈ کے نظریات کے متعلق کہی ہیں، تو یہ سب ایک بہانہ تھا اپنے نقطہ نظر کی وضاحت کا اور اگر کہیں کوئی بات سخن گسترانہ ہے تو اس کے لئے معذرت خواہ ہوں۔ بات یہ ہے کہ میں کیرکٹر کو شخصیت کا نہ صرف ایک اہم جزو سمجھتا ہوں بلکہ تکمیل شخصیت کا ایک ذریعہ یا آلہ کار بھی۔ کسی بھی فرد کی شخصیت

جو جسم و جان کے تمام تقاضوں کی تسکین اور اس کی تمام صلاحیتوں کی بارآوری سے عبارت ہے، اس وقت تک شرمندہ معنی رہے گی جب تک ایک فرد واحد بھی اس روئے زمین کے کسی گوشے میں اپنی تکمیل شخصیت سے محروم رہے گا۔

اب جب کہ ہر فرد کی تکمیل شخصیت سوسائٹی کے دوسرے افراد کی تکمیل شخصیت کی پابند ٹھہری تو پھر اس کے حصول کے لئے کیرکٹر کا پایا جانا لازمی ہے۔ لیکن چونکہ کیرکٹر شخصیت کی آزاد طبیعت میں حائل بھی ہوتا ہے اور اس طرح شخصیت میں ایک تناؤ اور تضاد پیدا ہوتا ہے، اس لئے اس تناؤ کو بھی دور کرتے رہنا چاہئے مگر اس کا یہ حل نہیں ہے کہ کیرکٹر کو شخصیت سے خارج کر دیا جائے بلکہ یہ ہے کہ شخصیت کیرکٹر کو اپنے اندر اس طرح جذب کر لے کہ وہ اس کا جزو بدن بن جائے یعنی وہ جو تکمیل شخصیت کا ذریعہ ہے، وہ جزو شخصیت بن جائے۔

یہاں یہ یاد رکھنا چاہئے کہ کیرکٹر شخصیت کا کوئی خارجی جزو باہر سے لایا ہوا نہیں ہے کہ اسے خارج کر دیا جائے۔ کیرکٹر تو شخصیت کی تکمیل کے ارتقائی طریق کار میں پیدا ہوتا ہے اور جو کشمکش کہ ان دونوں میں پائی جاتی ہے وہ اصل میں سماج اور فرد کے مفادات کے ٹکراؤ کی ہوتی ہے، اسے دور کیا جا سکتا ہے۔ یہ انسانی شخصیت جو آزاد اور پابند بیک وقت ہوتی ہے، جو ہماری معقول اور غیر معقول طبیعتوں کے درمیان ایک توازن رشتہ قائم رکھتی ہے، اپنے آئیڈیل معیار کو اسی دن پہنچ سکے گی جبکہ پبلک سلف اور پرائیویٹ سلف یعنی پبلک اور ذاتی مفادات متحد ہو سکیں گے۔

شاعر خواہ وہ جینئیس ہو یا کسی اوسط درجہ کا آدمی، نہ تو انسانی فطرت کے اس تضاد سے آزاد ہوتا ہے جو ضبط و نظم اور آزادی طبع سماجی مفادات اور انفرادی مفاد کے درمیان رہتا ہے اور نہ وہ اس فطری چشم بصیرت سے محروم ہوتا ہے کہ انسان ان تضادات کا حل

ہمیشہ ایک آئیڈیل سطح پر تلاش کرتا رہا ہے۔ چنانچہ وہ صرف حقیقت بیں ہی نہیں بلکہ آئیڈیل پسند بھی ہوتا ہے۔ آرٹ حقیقت میں اسی کشمکش کے اظہار میں پیدا ہوتا ہے۔ کشمکش کی نوعیت مختلف ہو سکتی ہے لیکن وہ اس سے آزاد نہیں رہتا ہے۔ اس تخلیقی طریق کار میں نہ تو اس کا نفس ناطقہ، اس کے نفس حاسہ سے جدا رہتا ہے اور نہ وہ اپنے جذبات کے اظہار سے اس لئے گریز کرتا ہے کہ کہیں وہ اس میں کھل نہ جائے،

ہم پرورش لوح و قلم کرتے رہیں گے
جو دل پہ گزرتی ہے رقم کرتے رہیں گے

آخر پرورش لوح و قلم کا ایک نقطہ نظریہ بھی تو ہے۔ جو فیض کے مذکورہ بالا شعر میں ہے اور ایک وہ بھی جو غالب کے اس شعر میں ہے،

لکھتے رہے جنوں کی حکایات خونچکاں
ہر چند اس میں ہاتھ ہمارے قلم ہوئے

آج حیات انسانی کا وجود موت کے بالمقابل ہے۔ تعین اقدار سے زیادہ بقائے حیات کا مسئلہ اہم ہے۔ فلسفہ حیات کی مسابقت جس کا ایک ذریعہ آرٹ اور ادب بھی ہے، ایٹمی ہتھیاروں کی دوڑ کے سامنے پیچھے رہ گئی ہے۔ کیا اس میں ہمارے ادیبوں کے گریز کو دخل نہیں ہے۔ خواہ وہ گریز جذبہ سے ہو یا کیرکٹر سے۔ آرٹ ہو یا ادب، اس کا وجود جذبات اور کیرکٹر سے گریز کرنے میں نہیں، زندگی کی قوتوں کو آگے بڑھانے میں ہے۔ گوئٹے کہتا ہے، "ادب زندگی کی قوت میں اضافہ کرتا ہے۔ وہ ہمارے جذبات اور احساسات کو پاکیزہ تر بناتا ہے۔ انسان کی قوت ارادی کو تقویت پہنچاتا ہے اور آدمی کو انسانیت کے زیور سے آراستہ کرتا ہے۔"

یہاں جس مسئلے کو میں زیر بحث لایا ہوں، وہ مسئلہ نہ تو ادبی تخلیقات کے مٹیریل کا

ہے اور نہ ادبی تخلیقات کی نفسیات کا بلکہ شاعر کے ذہن اور ادبی تخلیقات کے مٹیریل کے رشتے کا مسئلہ ہے۔ ایلیٹ نے تو شاعر کے تخلیقی ذہن کو اس کے اثر پذیر ذہن سے جدا کر کے اسے زندگی کی تب و تاب سے بے نیاز کر دیا۔ لیکن ہمارے شعراء ایسا نہیں سوچتے ہیں،

مجھے انتعاش غم نے پئے عرض حال بخشی
ہوس غزل سرائی تپش فسانہ خوانی

غالب

غالب کے یہاں انتعاش غم اور عرض حال میں نہ صرف ذہن کی فعلیت موجود ہے، جو ایلیٹ کے مجہول میڈیم میں نہیں ہے بلکہ ان کے تپش فسانہ خوانی میں وہ "ہنر خوں" بھی ہے جو میر و غالب اور فیض کی صدا ہے۔ یہاں شاعر کا نفس ناطقہ اس کے نفس حاسہ سے جدا نہیں ہے۔ غالب کے یہاں فنکارانہ تخلیق کا جذبہ کوئی اپنا ایک ایسا آزاد وجود نہیں رکھتا جس میں عرض یا اظہار شخصیت یا اظہار جذبہ کو کوئی دخل نہ ہو اور تقریباً یہی نقطہ نگاہ میر کا بھی ہے،

مجھ کو شاعر نہ کہو میر کہ صاحب میں نے
درد و غم کتنے کئے جمع تو دیوان کیا

اس موقع پر میں قصداً علامہ اقبال کے ان اشعار کو پیش نہیں کر رہا ہوں جن میں انہوں نے شاعر کی اس حیثیت سے انکار کر کے جو ایک تخلیقی فنکار کی ہے، اپنے صرف مبلغ ہونے کا اقرار کیا ہے،

نغمہ کجا و من کجا ساز سخن بہانہ یست
سوئے قطار می کشتم ناقہ بے زمام را

کیونکہ یہ نقطہ نظر بھی، اگر شاعری میں اس کا اظہار شعوری ہو، انتہا پسندی کا ہے۔ شاعری میں شاعر، مبلغ غیر شعوری طرح سے رہتا ہے نہ کہ شعوری طرح سے۔ وہ عالم خواب میں بیدار اور عین بیداری کے عالم میں محو خواب ہوتا ہے۔ کبھی تو عالم خواب میں وہ بیداری کہ "از شعلہ تراش کردہ ام حرف" (فیضی) اور کبھی عالم ہوش میں وہ بے خودی کہ "غفلت جہاں در جہاں ہے مجھے۔" (میر) خدا مغفرت کرے مشرق کو سلام بھیجنے والے ویمر کے شاعر گوئٹے نے کیا خوب کہی ہے، "شاعر زندگی کے خواب سے بیدار، ہوش مند اور باشعور گزرتا ہے اور زندگی کی جدوجہد میں بحیثیت ایک معلم غیر شعوری طرح سے حصہ لیتا ہے۔"

شعور اور لاشعور کا یہ رابطہ ایسا نہیں ہے کہ ہم ان میں سے ایک کو دوسرے جدا کرسکیں۔ یہ دونوں ایک دوسرے میں بہتے اور ایک دوسرے سے پیوست رہتے ہیں۔ شاعر کا ذہن اپنے اس مٹیریل کے برتنے اور ڈھالنے میں مجہول نہیں رہتا ہے کہ اسے ہم ایک میڈیم (ایک مجہول آلہ کار) تصور کریں۔ شاعر کا ذہن فطرت سے صرف لیتا ہی نہیں بلکہ فطرت کو دیتا بھی ہے۔ اس پر اضافہ کرتا ہے یا اس کی اصلاح کرتا ہے۔ وہ حالات کو بدلنے کی بھی کوشش کرتا ہے اور اپنے اس عمل کی چھاپ، جس میں وہ اپنی قوت ارادی، قوت عمل، آئیڈیلٹی اور ضمیر و خمیر سبھی سے کام لیتا ہے، اپنی ادبی تخلیق پر بھی چھوڑتا ہے۔ اس کی تخلیق موضوعی، معروضی، شخصی اور غیر شخصی، سماجی تاریخی اور ابدی بیک وقت ہوتی ہے۔

میں اپنی بات ختم کر چکا بجز ایک بات کے۔ شاعر کا تعلق صرف جذبات واحساسات، شعور و لاشعور اور اس قسم کی اور دوسری چیزوں ہی سے نہیں ہوتا بلکہ زبان سے بھی ہوتا ہے جو شعور کے اظہار کا خارجی روپ ہے۔ شعر وادب کی دنیا میں کیوں کر کہا

گیا ہے اس سے کم اہم نہیں ہے کہ کیا کہا گیا ہے۔ چنانچہ ایلیٹ کا یہ کہنا غلط نہیں ہے کہ کسی شاعر کی سماجی اہمیت اس کی شاعرانہ اہمیت سے مختلف ہوتی ہے۔ ایلیٹ کی غلطی تو اس بات میں ہے کہ وہ اس کی شخصیت کے ان دونوں پہلوؤں کو ایک دوسرے سے بالکل ہی منقطع کر دیتے ہیں۔ دیکھنے میں یہ آیا ہے کہ ایک بڑا شاعر کبھی کبھی بہت سے امور میں ایک چھوٹا آدمی بھی ہوتا ہے یا یہ کہ اس کی شخصیت کے بہت سے ناخوشگوار پہلو اس کی اپنی شاعری کے پردے میں چھپ جاتے ہیں۔

شاعر ہو یا کوئی فنکار جب تک کہ اسے ضروریات زندگی کے فوری دباؤ سے آزاد نہیں کیا جائے گا، اس کا تخلیقی عمل تمام تر قوانین حسن کے تابع نہیں ہو سکتا اور نہ وہ اس وقت تک اپنے تخلیقی عمل میں مکمل طور سے آزاد ہو سکتا ہے۔ ایسی صورت میں دنیا کے دوسرے جمال پرست اور کیا ایلیٹ، ان کا یہ کہنا غلط نہیں ہے کہ کسی تخلیق میں کسی جذبے کی شدت اتنی اہم نہیں ہے جتنی کہ تحریک تخلیق کا دباؤ یا اس کا حسن کارانہ اظہار، لیکن جب ایلیٹ تخلیق کے مٹیریل پر اپنے احتسابات کی چھلنی لگا دیتے ہیں اور اس سے شعور اور جذبے کو نکلنے نہیں دیتے اور بے جان احساس والی شاعری کا ادعا کرتے ہیں تو وہ فنکارانہ بصیرت کے نہیں بلکہ ایک مخصوص مٹیریل کی شاعری کے دعوے دار بن جاتے ہیں جو اپنے مخفی اثرات میں سیاسی بھی ہو سکتی ہے۔

شاعری غیر شخصی ہے یا شخصی، یہ سب کوئی دیکھنے نہیں جاتا۔ دیکھا یہ جاتا ہے کہ اس میں انسانی جذبات اور انسانی شعور کا جمالیاتی اور بامعنی اظہار ہوا ہے کہ نہیں۔ اگر آپ بیتی جگ بیتی نہیں اور جگ بیتی آپ بیتی نہیں تو وہ مؤثر نہیں ہو سکتی۔ اصل مسئلہ خصوص و عموم یا آپ بیتی جگ بیتی کے درمیان نقطہ اتصال کے ڈھونڈنے کا ہے۔ اس سنگم تک پہنچنے کے لئے جو موضوعات اور معروضیت کا ایک نقطہ اتصال ہے، اپنی شخصیت کی آگہی کا

حاصل کرنا ضروری ہے۔ یہاں نہ تو میں یہ کہتا ہوں کہ ادب تمام تر شخصیت کا اظہار ہے اور نہ یہ کہتا ہوں کہ ادب تمام تر شخصیت سے گریز ہے بلکہ یہ کہتا ہوں کہ ادب میں موضوعیت اور معروضیت انفرادیت اور یونیورسلٹی، تاریخیت اور دوامیت ان سب کا اظہار ایک وحدت میں ہوتا ہے لیکن اسی کے ساتھ ساتھ یہ بھی کہنا چاہوں گا کہ جہاں تک لیریکل شاعری کا تعلق ہے،اس میں شاعر کی شخصیت کا عکس نمایاں طور سے ملتا ہے۔ وہ اس سے گریز نہیں کر سکتا ہے۔ حقیقت تو یہ ہے کہ شاعر کے لئے جذبات سے بچنا ناممکن ہے،

بقدر حوصلہ عشق جلوہ ریزی ہے
وگرنہ خانہ آئینہ کی فضا معلوم

یہ ہے غالب کا نامہ ایلیٹ کے نام۔ خانہ آئینہ یعنی میڈیم کی فضا بے رنگ ہوتی ہے، اس میں جلوہ ریزی شاعری کے جذبات کے اظہار سے ہوتی ہے۔

(۱۰) تعمیرِ شخصیت اور اسلامی تعلیمات

ڈاکٹر محمد عمر فاروق قریشی

ارشاد ربانی ہے: "اے لوگو! ہم نے تمھیں ایک مرد اور عورت سے پیدا کیا اور تمھیں مختلف گروہوں اور قبیلوں میں اس لیے تقسیم کیا، تاکہ تم ایک دوسرے کو پہچان سکو۔ اللہ کے نزدیک وہی عزت والا ہے، جو زیادہ متقی ہے، بے شک، اللہ خوب جاننے والا خبر دار ہے۔" کائنات کا وہ حصّہ جسے زمین کہتے ہیں انسان کا مستقر ہے، ایک مدّت تک وہ اس سے نفع اٹھاتا ہے، کیوں کہ انسان کو زمین پر بھیجنے کے لیے یہی حکم الٰہی تھا، پھر یہ حکم بھی دیا گیا کہ ہدایتِ ربانی اس کے پاس آتی رہے گی، جو اسے قبول کرے گا، وہ کام یاب و کامران ہو گا، جو اس ہدایت سے منہ موڑے گا وہ ناکام و نامراد ہو گا۔

پھر ربِ کائنات نے اس پر بس نہیں کیا، بلکہ کائنات کو جس تناسب و توازن کے ساتھ بنایا، اسی طرح اس نے کمال مہربانی سے انسان کی تخلیق کر کے اسے اعلیٰ مخلوق اور زمین پر اپنا نائب بنایا۔ ان تمام مہربانیوں کا مقصد یہ تھا کہ انسان ایک طرف تو اپنی ذات کی طرف توجّہ دے اور اپنی فلاح کے لیے نیک افعال و اعمال انجام دے، لیکن یہ کام وہ تنہا نہیں کر سکتا، بلکہ اس کے اعمال کا صحیح اندازہ تو اُس وقت ہوتا ہے، جب وہ اپنے جیسے دوسرے انسانوں کے ساتھ رہ کر زندگی گزارے۔ ایسے میں اس کی شخصیت کی تعمیر ہوتی ہے۔

شخصیت سے مراد اس کا مزاج، عقل و دانش اور معاشرتی رویّہ ہے اور اگر

معاشرے میں انفرادی طور پر مزاج مثبت اور غالب تعداد میں ہوں تو معاشرہ بھی مثبت مزاج کا حامل ہوگا۔ اسلام کا منشا یہ ہے کہ انسان اعلیٰ اخلاق کی حامل شخصیت ہو، تاکہ دوسرے لوگ اس سے آرام اور راحت پا سکیں۔

اسلام نے تعلیماتِ قرآنی اور سیرتِ رسولؐ کی روشنی میں ایسے اقدامات تجویز کیے ہیں، جو شخصیت سازی میں انتہائی اہم ہیں، جن پر عمل پیرا ہوکر ایک بہترین فرد کا وجود عمل میں آتا ہے اور وہ فرد ایک صالح اور مثالی معاشرے کے لیے بہت ضروری ہے۔ اسلامی اقدامات درج ذیل ہیں۔

☆امن پسندانہ رویّہ:۔ امن، اسلام کی اساسی تعلیمات میں سے ہے۔ اسلام تصادم کے اسباب کی نفی کرتا ہے اور وحدتِ انسانیت کا قائل ہے۔ اس کی روح میں وسیع الظرفی اور رواداری کا وجود زمین میں امن و سلامتی مہیا کرتا ہے۔

مختلف حصّوں، رنگوں، مذاہب کو جوڑنے اور بنی نوع انسان میں محبت، باہمی الفت اور رحم پھیلانے کا موقع فراہم کرتا ہے۔ اسلام ان جنگوں کا بھی مخالف ہے، جن کا مقصد ذاتی و قومی لالچ اور مادی منفعت ہے۔ غرض یہ کہ اسلام فرد اور جماعت کو چھوٹے چھوٹے محدود مقاصد سے نکال کر آزاد فضاؤں میں لاتا ہے اور اعلیٰ مقاصد کے لیے اسے آگے بڑھاتا ہے۔ وہ انسانیت کو بلند اور جامع نظریے تک پہنچاتا ہے۔ یہ تمام مقاصد اُس وقت پورے ہو سکتے ہیں، جب انسان کا رویّہ امن پسندانہ ہو۔ اسلام شروع سے اپنے پیروکاروں کو امن و سلامتی کی تعلیم دیتا ہے۔

☆اخلاقِ حسنہ:۔ انسانی شخصیت کی نشوونما میں سب سے بڑا کردار ادا کرنے والا عامل اخلاق ہے۔ محض ظاہری شکل وصورت، رنگ و روپ اور لباسِ فاخرہ بہترین حسب ونسب اور مال و دولت کے بل بوتے پر کوئی شخص انسان نہیں کہلا سکتا۔ شخصیت کی اصل

روح کی پاکیزگی اوراس کا اخلاقی کردار ہے۔

یہ بھی ایک حقیقت ہے کہ قوموں کی انفرادی و اجتماعی زندگی میں اخلاق کے ذریعے بڑے، بڑے کام لیے جاسکتے ہیں، جو قوّت و طاقت کے ذریعے نہیں لیے جاسکتے۔ نرمی و ملائمت اور محبت و مودت بعض اوقات تلوار کی دھار سے بھی زیادہ موئثر ہوتے ہیں اور اسلامی تعلیمات کے پھیلنے اور لوگوں کے جوق در جوق اسلام میں داخل ہونے کا سب سے بڑا ذریعہ مسلمانوں کا اعلیٰ اخلاق و بہترین کردار تھا۔

یہ بھی حقیقت ہے کہ حسن اخلاق کے نتیجے میں تہذیب و تمدّن عروج کو پہنچے ہیں۔ اخلاق کو اعلیٰ بنانے میں آپؐ کے چند ارشادات ملاحظہ ہوں۔ "مجھے محاسنِ اخلاق کی تکمیل کے لیے بھیجا گیا ہے، تم میں سے زیادہ محبوب وہ ہے جس کے اخلاق زیادہ اچھے ہوں، بے شک مومن اپنی خوش خلقی کے ذریعے رات کو عبادت کرنے والے اور دن کو روزہ رکھنے والے کا درجہ حاصل کرلیتا ہے۔"

☆اعمالِ صالحہ :۔ تعمیرِ شخصیت کے لیے اوّل چیز تو ایمان ہے، کیوں کہ ایمان کے ذریعے انسان اپنا محاسبہ کرتا رہتا ہے۔ اسے روزِ آخرت اور احتساب کا ڈر ہوتا ہے، لہٰذا ایمان تو پہلی چیز ہے، جو شخصیت کے لیے جڑ کی حیثیت رکھتا ہے۔

اس طرح عمل صالح کے بغیر ایمان ادھورا رہ جاتا ہے۔ اعمال صالحہ کے اثرات فرد پر واضح نظر آتے ہیں، اس کی سوچ اور فکر تبدیل ہو جاتی ہے اور وہ ہر ایسا عمل کرنے کی کوشش کرتا ہے، جو اللہ کی خوشنودی کا باعث ہو، اس لیے وہ انسانوں کو تکلیف نہیں دیتا بلکہ ان کے راحت و آرام کا خیال رکھتا ہے۔

☆حقوقِ انسانی کا خیال رکھنا:۔ کوئی فرد اکیلا زندگی نہیں گزار سکتا، بلکہ انسانوں کے ساتھ رہ کر وہ اپنی زندگی گزارتا ہے، اس لیے اسے دوسرے انسانوں کے حقوق کا خیال

رکھنا ضروری ہے۔ اسلام نے صرف والدین یا خاندان کے چند افراد کے حقوق کا ذکر نہیں کیا، بلکہ تمام انسانوں کے حقوق درجہ بہ درجہ بیان کیے ہیں، حتیٰ کہ تھوڑی دیر کے لیے رفاقت کرنے والے ہم سفر کے حقوق کی ادائیگی کا بھی حکم دیا ہے۔

ایسا مہربان مذہب، کس طرح تشدد، عدم رواداری اور اذیت پسندی کا درس دے سکتا ہے، جس کی بنیاد ہی امن و سلامتی پر ہے، جو انسانی حقوق کا صحیح معنوں میں علم بردار ہے۔ جب ہم پڑوسیوں کے حقوق کی بات کرتے ہیں تو دیکھیے اسلام نے کس طرح ان کے حقوق کی تاکید کی ہے۔ بہرحال دوسرے انسانوں کے حقوق کی ادائیگی سے انسان کی شخصیت کی تکمیل ہوتی ہے۔

☆ اعتدال و رواداری: تعمیرِ شخصیت میں اعتدال کو بڑی اہمیت حاصل ہے۔ قرآن پاک میں مسلمانوں کو معتدل امت قرار دیا گیا ہے اور ہر معاملے میں اعتدال سے کام لینے کا حکم ہے۔ حضورﷺ نے حضرت عبداللہ بن عمرو بن العاصؓ کو زیادہ عبادت سے منع کرتے ہوئے فرمایا "تیرے نفس کا بھی تجھ پر حق ہے۔" یہ سنہری الفاظ اس بات کی دلیل ہیں کہ عبادت میں بھی اعتدال رکھنا ضروری ہے۔ اسی طرح رواداری اسلامی تعلیمات کا بنیادی اصول ہے۔

حضور اکرمﷺ نے نجران کے عیسائیوں کے وفد کی خوب تواضع کی اور مسجد نبویؐ میں ایک خیمے میں ٹھہرایا۔ اس طرح آپؐ نے اپنے امتیوں کو اعتدال اور رواداری کا بہترین سبق دیا۔

اسلام نے انسانوں سے نفرت نہیں سکھایا، بلکہ ان سے محبت کرنے کے لیے ایک بہترین شخصیت کا ہونا ضروری ہے۔ اسلام نے انسانی شخصیت کی تربیت کا بہترین انتظام کیا ہے اور ایسے اقدامات تجویز کیے ہیں، جن کی روشنی میں ایک بہترین مسلمان وجود میں

آسکتا ہے، جو دوسروں کے لیے ایک روشن مثال بن سکتا ہے۔ایک باکردار اور معتدل مزاج کا حامل ہوتا ہے اور یہی اسلام کا مطلوب انسان ہے۔

پسندیدہ عمل

رسولِ اکرم صلی اللہ علیہ وآلہ وسلم نے ارشاد فرمایا"جو اعمال اللہ تعالیٰ کو پسند ہیں ان اعمال میں سے ایک عمل کسی مؤمن کے دل کو خوش کرنا اور اس کو خوشی سے ہم کنار کرنا ہے"۔۔۔(طبرانی معجم کبیر)

آٹھ خوش نصیب

امام ابن العابدین شامی بیان کرتے ہیں کہ جن سے قبر میں سوال نہیں کیا جائے گا وہ آٹھ قسم کے لوگ ہیں: شہید، صدیق، اسلامی ملک کی سرحدوں کی حفاظت کرنے والا سپاہی، مرضِ طاعون سے فوت ہونے والا بیمار، طاعون کے زمانے میں طاعون کے علاوہ کسی مرض سے فوت ہونے والا صابر شخص، بچے، جمعے کے دن یا رات میں فوت ہونے والا شخص، جب کہ وہ صابر اور ثواب کی امید رکھنے والا ہو اور ہر رات سورۂ تبارک (سورۂ ملک) پڑھنے والا مسلمان۔

بعض محدثین نے سورۂ ملک کے ساتھ سورۂ سجدہ کو بھی ملایا ہے اور اپنے مرضِ موت میں سورۂ اخلاص پڑھنے والے کو اور تمام انبیائے کرامؑ کو اس فہرست میں شامل کیا ہے اس لیے کہ وہ صدیقین سے درجے میں بڑھے ہوئے ہیں۔(شامی، جلد اول)

چار صفات

رسول اکرم صلی اللہ علیہ وآلہ وسلم نے ارشاد فرمایا:"تم میں سے جس شخص میں یہ چار صفات موجود ہوں، اسے دنیا کی کسی چیز کی محرومی نقصان نہیں پہنچا سکتی، پہلی چیز امانت کی حفاظت، دوسری چیز بات کی سچائی، تیسری چیز اچھے اخلاق اور چوتھی حلال

کھانا"۔(مسند احمد)

نفرتیں مت پھیلاؤ

حضرت ابو موسیٰ اشعریؓ سے روایت ہے کہ رسول اللہ ﷺ جب کبھی اپنے کسی صحابی کو کوئی حکم دے کر روانہ کرتے تو ارشاد فرماتے: "لوگوں کو خوش خبری دو، انہیں نفرت مت دلاؤ اور ان کے لیے آسانیاں پیدا کرو، تنگی کا معاملہ نہ کرو"۔ (صحیح مسلم)

پڑوسیوں سے حُسنِ سلوک

فرمان الٰہی ہے "اور اللہ کی عبادت کرو اس کے ساتھ کسی کو شریک نہ کرو۔ والدین کے ساتھ اچھا سلوک کرو۔ قریبی رشتے داروں، یتیموں، مسکینوں، قریبی ساتھی، پڑوسی، اور پڑوسی رشتہ دار سے اچھا سلوک کرو۔ مسافر اور غلام سے بھی حسن سلوک کرو۔ بے شک اللہ تعالیٰ تکبر کرنے والے شیخی خورے کو پسند نہیں کرتا"۔ (سورۂ نساء) فرمان رسول اکرم ﷺ ہے۔ "اللہ کی قسم وہ مؤمن نہیں ہے۔ وہ مؤمن نہیں ہے، وہ مؤمن نہیں ہے"۔ پوچھا گیا کون اے اللہ کے رسول؟ فرمایا "جس شخص کے شر سے اس کے پڑوسی محفوظ نہ ہوں"۔ (صحیح بخاری)

(۱۱) اسلام میں اچھے کردار کی اہمیت

اریبہ عامر

اسلام تمام انسانیت کے لئے امن، محبت اور احترام کا مذہب ہے۔ مذہب اسلام زندگی کے ان تمام پہلوؤں کا احاطہ کرتا ہے جس میں کردار کی تشکیل اسلامی شخصیت کا سب سے اہم پہلو ہے۔ لہذا، ہم دیکھ سکتے ہیں کہ اقدار، رویوں، اخلاقیات اور طرز عمل سے متعلق تصورات، عبادات، اور تعلیمات سے متعلق اسلام کا مقصد بنیادی طور پر ایک اسلامی شخصیت تشکیل دینا ہے۔

اسلام میں اچھے کردار کی اہمیت

اگر کسی شخص کے پاس اچھا کردار یا اخلاقی اقدار ہیں تو پھر وہ بالکل ہی ایک اسلامی شخصیت رکھتا ہے۔ ہمارے پیارے پیغمبر اسلام حضرت محمد صلی اللہ علیہ وآلہ وسلم نے اس دنیا میں اپنے آنے کا سب سے اہم مقصد بھی یہی بیان کیا ہے کہ انہیں اچھے اخلاق کی تکمیل کے مقصد کے لئے بھیجا گیا ہے۔

حضور نبی کریم صلی اللہ علیہ وآلہ وسلم کو لوگوں کو اچھے اخلاق اور اخلاقیات کے بارے میں آگاہ کرنے کے لئے بھیجا گیا تھا تاکہ لوگ اسلامی شخصیت رکھنے والے اچھے مسلمان ہونے کی وجہ سے خوشگوار زندگی گزار سکیں۔ ایک اچھے مسلمان ہونے کی وجہ سے ہماری ذمہ داری ہے کہ ہم ان اچھے اخلاق پر عمل کریں جو ہمارے پیارے پیغمبر اسلام صلی اللہ علیہ وآلہ وسلم نے ہمیں سکھائے اور دوسرے مذہب کے لوگوں کے

سامنے اسلامی کردار کی ایک مثالی رقم قائم کی۔ قرآن مجید میں اللہ تعالیٰ نے واضح طور پر کہاہے کہ ہمیں اعلیٰ ترین کردار میں حضور اکرم صلی اللہ علیہ وآلہ وسلم کے نقش قدم پر چلنا چاہیئے اور اخلاقیات ایک بے مثال مسلمان ہونے کا ایک اہم پہلو ہے۔

مسلمانوں کو بڑا اچھا اخلاقی اقدار ہونا چاہیئے اور ایک عمدہ کردار بھی رکھنا چاہیئے جو لوگوں کو اپنی طرف راغب کرتا ہو۔ وہ عظیم پیغام جس نے تاریخ پر پائیدار تاثر چھوڑا ہے وہ پیغمبر اسلام صلی اللہ علیہ وآلہ وسلم کی عظیم شخصیت تھی۔ اللہ تعالیٰ نے ان الفاظ میں پیغمبر اسلام صلی اللہ علیہ وآلہ وسلم کی تعریف کی:

اور (اے محمد) اخلاق تمہارے بہت (عالی) ہیں۔

سورۃ القلم آیت ۴

حضور اکرم صلی اللہ علیہ وآلہ وسلم نے لوگوں کے اخلاقی کردار کو مستحکم کرنے کے لئے اچھے اخلاق اور کامل کردار کی ایک مثال قائم کی تاکہ خوبصورتی اور کمال کی دنیا ان کی آنکھوں کے سامنے روشن ہوسکے اور وہ اسے شعوری طور پر اور علم کے ساتھ حاصل کرنے کی کوشش کرسکیں۔

اچھے کردار کی اہمیت احادیث کی روشنی میں

حضرت محمد صلی اللہ علیہ وآلہ وسلم سے جب بہترین مومنوں کے بارے میں پوچھا گیا تو انہوں نے فرمایا

یہ وہ لوگ ہیں جن کے کردار اور آداب بہترین ہیں۔

سنن ترمذی ۱۱۶۲، سنن ابی داؤد ۴۶۸۲

ایک بار حضرت محمد صلی اللہ علیہ وآلہ وسلم فرمانے لگے، یہ وہی عمل ہے جو لوگوں کو جنت میں سب سے زیادہ داخل ہونے کا باعث بنے گا۔ ان سے پوچھا گیا کہ کون سا عمل

لوگوں کو جنت میں سب سے زیادہ داخل ہونے پر مجبور کرتا ہے تو انہوں نے جواب دیا، تقویٰ اور اچھا کردار۔

سنن ترمذی ۲۰۰۴، سنن ابن ماجہ ۴۲۴۶

اسلام نے اچھا کردار رکھنے پر بہت ترجیح دی ہے اور اس کے بے شمار فوائد بھی بتائے ہیں۔ قیامت کے روز جب سب کو اپنے کئے گئے اعمال کی پرواہ ہو گی تو وہ لوگ جن کا اس دنیا میں کردار اچھا تھا ان کے لئے نبی کریم صلی اللہ علیہ وآلہ وسلم نے فرمایا آپ میں سے میرے لئے سب سے پیارے اور قیامت کے دن میرے قریب ترین وہ لوگ ہیں جن کا بہترین کردار ہے۔

سنن ترمذی ۲۰۱۸

نبی کریم صلی اللہ علیہ وسلم جنت کے سب سے اونچے حصے میں ایک ایسے گھر کی ضمانت دیتے ہیں جو اچھے کردار کے حامل ہیں اس بات کو آپ نے یوں بیان فرمایا کہ میں جنت کے گرد و نواح میں ایک مکان کی ضمانت دیتا ہوں اس کے لئے جو بحث چھوڑ دیتا ہے، یہاں تک کہ اگر وہ ٹھیک بات کی طرف ہو؛ اور میں جنت کے وسط میں ایک مکان کی ضمانت دیتا ہوں جو مذاق کرتے ہوئے بھی جھوٹ بولنے کو چھوڑ دیتا ہے؛ اور میں جنت کے سب سے اونچے حصے میں ایک ایسے مکان کی ضمانت دیتا ہوں جن کے اچھے کردار اور آداب ہوں۔

سنن ابو داؤد ۴۸۰۰

کچھ اچھے اخلاق

حضرت محمد صلی اللہ علیہ وآلہ وسلم نے تمام انسانیت کے لئے اچھے اخلاق اور اچھے کردار کی ایک مثال قائم کی۔ کچھ ایسے ہی عمل جنہیں ہم سب کو اپنی روزمرہ کی زندگی

میں نافذ کرنا چاہئے تاکہ ہم اس زندگی اور اس کے بعد میں بہت بڑاانعام حاصل کر سکیں، دیکھتے ہیں۔ دوسروں کے ساتھ سخاوت کے ساتھ سلوک کریں، دوسروں کے لئے مددگار اور فلاحی ہونا چاہئے، مشکلات پر صبر کریں، اخلاص، دیانتداری، عاجزی، انصاف، صبر، وعدہ نبھانا، یہ سب کچھ اچھے اخلاق ہیں، ہمیشہ سچ بولیں، حسد، پشت پناہی اور باطل سے پرہیز کریں، اپنے بزرگوں کا احترام کریں، چھوٹوں سے محبت اور شفقت کریں، ہمیشہ ضرورت مند لوگوں کی مدد کریں، کسی کے نفس اور معاشرے کی ذمہ داریوں کو پورا کریں، خدا کے آگے اور اس کی مخلوق کے لئے ذمہ دار ہونا چاہئے۔

(۱۲) شخصیت کے ارتقاء میں قرآن کا کردار
محمد فراز احمد

شخصیت کہتے ہیں "درجہ عزت" کو اور "ارتقاء" کہتے ہیں نشوونما اور بتدریج ترقی کرنے کو۔ انسان کو اللہ تعالی نے پہلے ہی اشرف المخلوقات بنایا ہے جس کا ثبوت قرآن کی یہ آیت ہے کہ جس میں اللہ فرماتا ہے کہ ہم نے انسان کو بہترین ساخت پر پیدا کیا اس کے باوجود قرآن کثرت سے شخصیت سازی کی بات کرتا ہے جیسے "فلاح پا گیا وہ جس نے اپنے نفس کا تزکیہ کرلیا"۔

نفس کا تزکیہ کے اصل مراد یہی ہے کہ انسانی شخصیت سازی ہو کیونکہ انسان کا نفس ہی وہ چیز ہے جو اگر پاک صاف ہو تو ارتقاء کی طرف گامزن ہوتا ہے اور اگر وہیں بغض و عناد اور بد اخلاقی موجود ہو تو وہ جمود کا شکار ہو جاتا ہے یا پھر تنزلی کا لیکن اس میں ارتقاء ممکن نہیں ہے۔

اسلام فرد کی شخصیت سازی کا اصل منبع قرآن اور نبی کریم صلی اللہ علیہ وسلم کی سیرت بتاتا ہے اسی سلسلے میں قرآن مجید کی رہنمائی اور اس کی رہنمائی میں تربیت یافتہ گروہ کے تذکرے ضروری ہے جس کی روشنی میں اجتماعی طور پر معاشرے کا اور انفرادی طور پر خود کا جائزہ لیا جانا ناگزیر ہے۔ انسانوں اور جانوروں کے درمیان فرق یہی ہے کہ جانور میں ارتقائی نظام نہیں پایا جاتا اور انسان کے اندر ارتقا کا عمل موجود ہوتا ہے جس کے ذریعے سے انسان ترقی کے مراحل پار کرتا ہے شخصیت کا ارتقاء دو قسم کا ہوتا ہے

ایک جسمانی ارتقاء اور دوسرا ہوتا ہے اخلاقی ارتقاء۔

جسمانی ارتقاء سے مراد انسان کا جسم اور اس کی نشوونما اور اخلاقی ارتقاء سے مراد اس کے نفس کی پاکیزگی ہے۔ مولانا صدرالدین اصلاحی رحمتہ اللہ علیہ اسلامی اخلاقی نظام کے متعلق لکھتے ہیں کہ "کسی شخص کی روح کی پاکیزگی یا گندگی کی سب سے عام اور سب سے نمایاں کسوٹی اس کے اخلاق ہوتے ہیں باطن جس طرح کا ہوتا ہے اخلاق بھی ویسے ہی ظہور میں آتے ہیں یہی وجہ ہے کہ عام طور سے انسان کے اخلاق ہی اس کی انسانیت کے آئینہ دار سمجھے جاتے ہیں۔۔۔۔ جہاں تک دین کا تعلق ہے اس کا فیصلہ بھی یہی معلوم ہوتا ہے کیونکہ اس میں حسن اخلاق کو بڑی زبردست اہمیت دی ہے اتنی کہ ایک پہلو سے گویا وہی حاصل دین ہے۔

نبی صلی اللہ علیہ سلم کے یہ الفاظ سنیے فرماتے ہیں کہ "میں اس لیے بھیجا گیا ہوں تاکہ حسن اخلاق کی تکمیل کردوں"۔۔۔۔ "نیکی حسنِ خلق کا نام ہے۔ یہ ہے اخلاق کی وہ غیر معمولی اہمیت جس کی بناء پر اس کے بارے میں اسلام نے بڑی تفصیل اور بڑی تاکید سے کام لیا ہے ان وجوہ سے اسلامی نظام کے دوسرے اجزاء سے پہلے اسی جز کا مطالعہ کیا جانا مناسب ہوگا"۔ (اسلام ایک نظر میں ص ۱۴۴-۱۴۵)

اسلام جہاں روحانی ارتقاء کی بات کرتا ہے وہیں جسمانی ارتقاء پر بھی زور دیتا ہے جس کی مثال وہ ارشاد مبارکہ ہے جس میں نبیؐ نے قوی مومن کو کمزور مومن پر فوقیت دی اور مختلف مواقعوں پر آپؐ نے صحابہ اکرام کو جسمانی ارتقاء کے لئے مواقع فراہم کئے تاہم جنگوں میں لڑائی سب سے بڑا ثبوت ہے کہ بغیر جسمانی ارتقاء کے عسکری قوت ناکارہ ہے لیکن آج مسلمانوں کا معاملہ یہ ہے کہ نا تو روحانی و اخلاقی ارتقاء پر توجہ ہے اور نہ ہی جسمانی ارتقاء پر جس کا نتیجہ ہم دیکھ سکتے ہیں کہ گائے نام پر زدوکوب کرنے پر دفاعی قوت

کی غیر موجودگی سے جانیں لٹا رہے ہیں۔

قرآنِ مجید نے شخصیت کے ارتقاء میں اہم رول ادا کیا ہے، قرآنِ مجید انسان کی مکمل زندگی کو مخاطب کرتا ہے اور قرآن کا اصل موضوع "انسان" ہی ہے۔ مولانا مودودیؒ فرماتے ہیں کہ:

"جیسے جیسے اس کا مطالعہ کرتے جائیں گے انکشافات ہوں گے"۔

قرآنِ مجید اور فرد سازی کو جاننا ہو تو نبی کریمؐ کے دور کا مطالعہ ناگزیر ہے۔ نبی کریمؐ کی پیدائش جس معاشرہ میں ہوئی وہاں کی اخلاقی گراوٹ انتہا درجہ پر تھی، ایک دوسرے کا قتل و غارت گری عام بات تھی، فحاشی، عریانیت عروج پر تھی۔ انسانیت کی دھجیاں اڑائی جاتی تھیں لیکن جب آپؐ کو نبوت عطا کوئی اور قران مجید کے نزول کا آغاز ہوا اور لوگوں نے حضرت محمدؐ کے کردار اور قرآنی تعلیمات سے متاثر ہو کر اس دعوت کو قبول کیا ور عمل کرنا شروع کیا تو، ہم دیکھتے ہیں کہ یہی عرب کی جاہل قوم عزت کے عظیم مرتبے سے سرفراز ہوئی۔

تکریمِ انسانیت کی انتہا یہ تھی کہ ایمان لانے سے قبل جو خاندانی دشمن تھے وہ ایمان کی دولت سے سرفراز ہونے کے بعد ایک دوسرے میں شیر و شکر ہو گئے۔ جس مقام کا سفر کیا وہاں اپنے کردار سے لوگوں کے دلوں پر راج کیا۔ یہ ایسے ہی نہیں ہو گا، اس کے پیچھے جو محرکہ تھا وہ یہی تھا جو آج بھی ہمارے پاس موجود ہے اور وہ ہے دنیا میں ربِ کائینات کا آخری پیغام "قرآنِ مجید" جس کو تھام کر عرب کی جاہل قوم نے دنیا میں بھی انسانوں کے دلوں پر حکمرانی کی اور آخرت میں بھی سرخروئی حاصل کی۔

قرآنِ مجید نے صرف عرب قوم کو ہی سرخرو نہیں کیا بلکہ ہر اُس فرد کو کامیاب کیا جس نے اس میں تفقہ کیا اور عمل کا داعیہ پیدا کہا۔ بقولِ علامہ اقبالؒ "تقدیرِ اُمم دید

پنہاں بہ کتاب اندر" (میں نے اس کتاب کے اندر امتوں کی تقدیر کو پنہاں دیکھا ہے)۔ مسلمانوں کے پاس قرآنِ مجید کی شکل میں سرچشمہ ہدایت موجود ہے لیکن مسئلہ یہ ہے کہ وہ اس سرچشمہ ہدایت کو آج تک سمجھنے سے قاصر ہیں۔

مولانا مودودیؒ فرماتے ہیں کہ:

" قرآن تو خیر کا سرچشمہ ہے جتنی اور جیسی خیر تم اس سے مانگو گے یہ تمہیں دے گا۔ تم اس سے محض جن بھوت بھگانا، کھانسی بخار کا علاج اور مقدمہ کی کامیابی اور نوکری کے حصول اور ایسی ہی چھوٹی ذلیل و بے حقیقت چیزیں مانگتے ہو تو یہی تمہیں ملیں گی۔ اگر دنیا کی بادشاہی اور روئے زمین کی حکومت مانگو تو وہ بھی ملے گی اور اگر عرشِ الٰہی کے قریب پہنچنا چاہو گے تو یہ تمہیں وہاں بھی پہنچادے گا یہ تمہارے اپنے ظرف کی بات ہے کہ سمندر سے پانی کی دو بوندیں مانگتے ہو ورنہ سمندر تو دریا بخشنے کے لئے بھی تیار ہے"۔

موجودہ حالات میں قرآنِ مجید کی روشنی میں شخصیت سازی انتہائی ضروری ہے۔ امتِ مسلمہ کا وجود اور اس کا وزن اسی وقت ممکن ہے جب قرآنِ مجید کو بنیاد بنایا جائے اور اس پر عمارت کھڑی کی جائے ورنہ اگر دوسرے چیزوں کو بنیاد بنایا جائے گا تو موجودہ حالات ہمارے سامنے موجود ہیں۔ بقولِ علامہ اقبالؒ " وہ معزز تھے زمانے میں مسلماں ہو کر اور تم خوار ہوئے تاریکِ قرآن ہو کر"۔

مولانا مودودیؒ اور علامہ اقبالؒ کا بنیادی طور پر جو سرمایہ تھا وہ صرف دو ہی چیزیں تھیں ،ایک قرآنِ مجید اور دوسرا عشقِ رسولؐ۔ علامہ اقبالؒ کے بارے میں آتا ہے کہ جب آپ قرآنِ مجید کی تلاوت کرتے تھے تو آپ کے آنسوؤں سے قرآں کے اوران بھیگنے لگتے، گویا قرآن کی حیبت آپ پر طاری ہو جاتی اور یہی وجہ تھی کہ اقبالؒ کی شاعری میں قرآنِ مجید کا عکس نمایاں نظر آتا ہے۔ اقبالؒ کی والدہ محترمہ نے بھی آپ کی تربیت کو قرآن مجید

سے جوڑ کر رکھا۔ ایک دفعہ اقبالؒ کی والدہ نے علامہ اقبال کے قرآں کی تلاوت نہ کرنے پر کہا کہ آج تم نے اللہ سے گفتگو نہیں کی لہٰذا ہم بھی تم سے بات نہیں کریں گے۔ یہ کردار سرپرستوں کا بھی تھا کہ انھوں نے اپنے بچوں کی تربیت اس طرز پر کی جس پر آج کے والدین کو غور کرنے کی ضرورت ہے۔

مولانا مودودیؒ نے کسی مدرسہ سے تربیت حاصل نہیں کی لیکن آج بھی دنیا ان کے علم اور خیالات سے فیض یاب ہو رہی ہے ان کی جاری کردہ تحریک کے ساتھ لاکھوں نفوس منسلک ہیں، صرف وجہ یہی تھی کہ آپ نے قرآن مجید کو اپنی تربیت کی بنیاد بنایا۔ قرآنِ مجید کے متعلق مولانا مودودیؒ نے مقدمہ تفہیم القرآن میں قرآنِ مجید کے مقام کو جس طرح پیش کیا ہے وہ قابلِ غور ہے، مولانا فرماتے ہیں کہ:

"لیکن فہمِ قرآن کی، اِن ساری تدبیروں کے باوجود آدمی قرآن کی رُوح سے پُوری طرح آشنا نہیں ہونے پاتا جب تک کہ عملاً وہ کام نہ کرے جس کے لیے قرآن آیا ہے۔ یہ محض نظریّات اور خیالات کی کتاب نہیں ہے کہ آپ آرام دہ کُرسی پر بیٹھ کر اسے پڑھیں اور اس کی ساری باتیں سمجھ جائیں۔ یہ دُنیا کے عام تصوّرِ مذہب کے مطابق ایک نِری مذہبی کتاب بھی نہیں ہے کہ مدرسے اور خانقاہ میں اس کے سارے رموز حل کر لیے جائیں۔

جیسا کہ اس مقدمے کے آغاز میں بتایا جا چکا ہے، یہ ایک دعوت اور تحریک کی کتاب ہے۔ اس نے آتے ہی ایک خاموش طبع اور نیک نہاد انسان کو گوشۂ عزلت سے نکال کر خدا سے پھِری ہوئی دنیا کے مقابلے میں لا کھڑا کیا۔ باطل کے خلاف اس سے آواز اُٹھوائی اور وقت کے علمبردارانِ کفر و فسق و ضلالت سے اس کو لڑا دیا۔ گھر گھر سے ایک ایک سعید رُوح اور پاکیزہ نفس کو کھینچ کھینچ کر لائی اور داعیِ حق کے جھنڈے تلے ان سب

کو اکٹھا کیا۔ گوشے گوشے سے ایک ایک فتنہ جو اور فساد پرور کو بھڑکا کر اُٹھایا اور حامیانِ حق سے ان کی جنگ کروائی۔ ایک فردِ واحد کی پُکار سے اپنا کام شروع کر کے خلافتِ الٰہیہ کے قیام تک پُورے تئیس سال یہی کتاب اس عظیم الشان تحریک کی رہنمائی کرتی رہی، اور حق و باطِل کی اس طویل و جاں گُسل کشمکش کے دَوران میں ایک ایک منزل اور ایک ایک مرحلے پر اسی نے تخریب کے ڈھنگ اور تعمیر کے نقشے بتائے۔

اب بھلا یہ کیسے ممکن ہے کہ آپ سرے سے نزاعِ کفر و دین اور معرکۂ اسلام و جاہلیّت کے میدان میں قدم ہی نہ رکھیں اور اس کشمکش کی کسی منزل سے گزرنے کا آپ کو اتفاق ہی نہ ہوا ہو اور پھر محض قرآن کے الفاظ پڑھ پڑھ کر اس کی ساری حقیقتیں آپ کے سامنے بے نقاب ہو جائیں۔ اسے تو پُوری طرح آپ اُسی وقت سمجھ سکتے ہیں جب اسے لے کر اُٹھیں اور دعوتِ اِلَی اللہ کا کام شروع کریں اور جس جس طرح یہ کتاب ہدایت دیتی جائے اُس طرح قدم اُٹھاتے چلے جائیں۔ تب وہ سارے تجربات آپ کو پیش آئیں گے جو نُزُولِ قرآن کے وقت پیش آئے تھے۔ مکّے اور حبش اور طائف کی منزلیں بھی آپ دیکھیں گے اور بدر و اُحد سے لے کر حُنَین اور تبوک تک کے مراحل بھی آپ کے سامنے آئیں گے۔ ابُوجَہل اور ابُولَہَب سے بھی آپ کو واسطہ پڑے گا، منافقین اور یہود بھی آپ کو ملیں گے، اور سابقینِ اوّلین سے لے کر مؤلّفتہ القلوب تک سبھی طرح کے انسانی نمونے آپ دیکھ بھی لیں گے اور برت بھی لیں گے۔

یہ ایک اَور ہی قسم کا "سُلوک" ہے، جس کو میں "سُلوکِ قرآنی" کہتا ہوں۔ اِس سُلوک کی شان یہ ہے کہ اس کی جس جس منزل سے آپ گزرتے جائیں گے، قرآن کی کچھ آیتیں اور سورتیں خود سامنے آکر آپ کو بتاتی چلی جائیں گی کہ وہ اسی منزل میں اُتری تھیں اور یہ ہدایت لے کر آئی تھیں۔ اس وقت یہ تو ممکن ہے کہ لُغت اور نحو اور معانی اور

بیان کے کچھ نکات سالک کی نگاہ سے چھُپے رہ جائیں، لیکن یہ ممکن نہیں ہے کہ قرآن اپنی رُوح کو اس کے سامنے بے نقاب کرنے سے بُخل برت جائے۔ پھر اسی کُلّیہ کے مطابق قرآن کے احکام، اس کی اخلاقی تعلیمات، اس کی معاشی اور تمدّنی ہدایات، اور زندگی کے مختلف پہلوؤں کے بارے میں اس کے بتائے ہوئے اُصول و قوانین آدمی کی سمجھ میں اُس وقت تک آہی نہیں سکتے جب تک کہ وہ عملاً ان کو برت کر نہ دیکھے۔ نہ وہ فرد اس کتاب کو سمجھ سکتا ہے جس نے اپنی انفرادی زندگی کو اس کی پیروی سے آزاد رکھا ہو اور نہ وہ قوم اس سے آشنا ہو سکتی ہے جس کے سارے ہی اجتماعی ادارے اس کی بنائی ہوئی روش کے خلاف چل رہے ہوں"۔

اللہ کے نبیؐ نے فرمایا کہ مومن کے دو دن یکساں نہیں ہو سکتے اور قرآنِ مجید نے بھی مومن اور منافق کے درمیان تفریق کرتے ہوئے دونوں کے اوصاف کی وضاحت کی ہے جس کی روشنی میں ہم اپنا جائزہ لے سکتے ہیں کہ آیا ہم ان اوصافِ حمیدہ سے متصف ہیں یا نہیں جو ہم جو منافقین کی صفوں سے علیحدہ رکھتے ہیں اور جو ان اوصاف کے حصول میں جدوجہد کرتا ہے وہی درحقیقت شخصیت کے ارتقاء کے لئے کوشاں ہے۔

شخصیت کا ارتقاء اسی وقت ممکن ہے جب انسان خود ارتقاء چاہتا ہو، کوئی فرد کسی تنظیم یا جماعت سے وابستہ ہو اور اس میں اپنی صلاحیتیں اور وقت صرف کر رہے ہو لیکن اس کو اس کے وقت کے صرف کرنے سے فرد کی صلاحیتوں میں اضافہ نہیں ہوتا ہے تو یہ سارا وقت اسراف کہلائے گا۔ کیوں کہ جب تک انفرادی طور پر فرد کی صلاحیتوں میں اضافہ نہیں ہوگا اس وقت تک اجتماعی طور پر تنظیم یا جماعت کے معیار اور مقام میں کوئی خاص تبدیلی رونما نہیں ہوتی۔

مسلمانوں کے لئے ضروری ہے کہ وہ قرآنِ مجید کو مضبوطی سے تھامیں، اس پر تفقہ

کریں، اس کے ذریعہ سے اجتہاد کریں اور سماج میں پھیلی برائیوں کے تدارک کے لئے اس سے روشنی حاصل کریں۔ موجودہ حالات میں جو مسائل پیدا ہورہے ہیں اس کی اصل وجہ یہی ہے کہ مسلمانوں کی اکثریت اسلامی قوانین سے ناآشنا ہیں، علماء کے لئے ضروری ہے کہ وہ قرآن مجید کو ہر خاص و عام تک آسان فہم انداز میں پہنچائیں اور عوام کو بھی چاہئے کہ وہ قرآنِ مجید کی روشنی میں اپنی شخصیت کو بنانے کی کوشش کریں۔

قرآن میں ہو غوطہ زن اے مردِ مسلماں
اللہ کرے تجھ کو عطا جدتِ کردار (علامہ اقبالؔ)

(۱۳) سورۃ فاتحہ میں اعلیٰ انسانی کردار کی تشکیل کے ضابطے اور اصول

ڈاکٹر نعیم انور نعمانی

تشکیلِ سیرت انسان کی زندگی کا اہم مرحلہ ہے جو بڑا ہی کٹھن اور بڑے شدائد کا حامل ہے اور اگر اس کی کامل معرفت نصیب ہو جائے اور احکاماتِ الٰہیہ کے مطابق اور موافق ہو جائے تو اس کی تکمیل آسان ہو جاتی ہے

انسان کو اس ذات کا پر تو ہونا چاہئے جس نے اس کو خلق کیا ہے۔ یہ مخلوق ہو کر اپنے خالق کی صفات کا آئینہ دار ہو اور ان صفات کی عملی شہادت اپنے کردار سے پیش کرے تو یہی اس انسان کی شخصیت و کردار کی تعمیر کے لئے سب سے بڑا ضابطہ اور اصول ہے۔ ایک انسان کو اپنی صفات اور خصائل میں عالمگیر انسانی اخوت کا پیکر ہونا چاہئے اور ایک مسلمان دوسرے مسلمان کو اس تعلق اخوت میں ہر لحظہ مضبوط کرتا ہوا دکھائی دے تو اس کی شخصیت صحیح نہج پر اپنے کردار کی تعمیر کا آغاز کر رہی ہو گی۔ انسان کی زندگی دو مرحلوں سے گزرتی ہے: تخلیقِ ذات اور تشکیلِ سیرت۔

تخلیقِ ذات کے مرحلے میں باری تعالیٰ نے سب کو مساوی رکھا ہے۔ سر تا پا ہر انسان کو خوبصورت اور دلکش انسانی اعضا عطا کئے ہیں اور حسنِ توازن سے معمور کیا ہے اور یوں انسان کو تمام مخلوقات کے مابین اشرف الخلق بنایا ہے۔ اس پوری کائناتِ خلق میں جس قدر باری تعالیٰ نے انسان کو حسین و جمیل بنایا ہے، اس قدر کسی اور مخلوق کو نہیں

بنایا ہے۔

انسان کی زندگی کا دوسرا مرحلہ تشکیلِ سیرت کا ہے۔ یہ مرحلہ بڑا ہی کٹھن اور بڑے شدائد کا حامل ہے اور اگر اس کی کامل معرفت نصیب ہو جائے اور احکاماتِ الٰہیہ کے مطابق اور موافق ہو جائے تو اس کی تکمیل آسان ہو جاتی ہے اور اگر یہ احکامِ ربانی کے خلاف اور نفس کی خواہشات کی پیروی میں طے ہو تو یہ تخریبِ نفس اور تذلیلِ انسانیت اور ندامتِ انسانی کا ایک نشان بن جاتا ہے۔

اس سے بچنے کی ایک ہی صورت ہے کہ انسان ارجعی الی ربک راضیۃ مرضیہ کا سفر اختیار کرے اور خود کو اللہ کے رنگ سے رنگ لے۔ اس کی عملی صورت یہ ہے کہ انسان اپنی شخصیت اور اپنے کردار کی تشکیل سورۃ الفاتحہ میں مذکور درج ذیل اصولوں اور ضابطوں پر کرے

پیکرِ اخوت: ایک مسلمان الحمدللہ رب العالمین کے کلمات کے ذریعے اپنے رب کی آفاقی اور کائناتی اور عالمی ربوبیت کا اقرار کرتا ہے۔ یہ اقرار تقاضا کرتا ہے کہ مسلمان ایک عالمی اور آفاقی نظام ربوبیت سے وابستہ ہو کر محدود عصبیتوں، گروہی وفاداریوں، رنگ و نسل کے دائروں اور طبقاتی تقسیموں سے خود کو الگ تھلگ کرلے اور خود کو ایک وحدت کی لڑی میں پرو دے۔

اسلامی اخوت اور اسلامی وحدت کا ہر مسلمان سے یہی مطالبہ ہے کہ ہم دوسرے انسانوں سے نفرت نہ کریں اور ان سے کسی قسم کا تعصب نہ کریں اور ان سے حق زیست نہ چھینیں۔ ہر انسان کو اپنے سینے سے لگائیں۔ ہر کسی کی فلاح و بہبود کا سوچیں، اپنے عمل کو اخوت اور محبت والا بنائیں۔ اپنی زبان و قلم کو وحدت و اخوت سے آشنا کریں، اپنی مخصوص سوچ کو ہی حتمی نہ کہیں بلکہ دوسروں کی سوچ کا بھی احترام کریں۔ خود کو ہی

اسلامی وحدت اور اسلامی اخوت کا علمدار تصور نہ کریں بلکہ دوسروں کو بھی اسلامی وحدت اور اسلامی اخوت کا حامل اور صاحبِ کردار سمجھیں۔

ہم اسلام اور اس کی تعلیمات کے ٹھیکیدار نہ بنیں بلکہ مبلغِ اسلام اور محافظِ دین بنیں۔ اپنے قول و فعل کے ہر تضاد کو دور کریں اور اپنے دل و نگاہ کو مسلمان بنائیں اور اعلیٰ مسلمان شخصیتوں کی طرح جینے والے بنیں۔ اللہ رب العزت کی شان ربوبیت مسلمان کو اپنی شخصیت و کردار کی تعمیر کے باب میں دعوت دیتی ہے کہ وہ اپنے گھر والوں کا اور اپنے اہلِ خانہ کا خود کفیل بنے اور اپنے وسائل کی کثرت کے ساتھ اپنے سارے خاندان والوں کی حاجت روائی کرے حتیٰ کہ اللہ کی شان ربوبیت سے مستفید ہوتے ہوئے خلق خدا کی کثیر تعداد کی کفالت کرنے والا بنے۔

پیکرِ شفقت ورحمت: انسان کی شخصیت و کردار کی تشکیل کا دوسرا ضابطہ یہ ہے کہ وہ دوسرے انسانوں کے لئے خود کو پیکر رحمت اور شفقت بنائے۔ اللہ تعالیٰ الرحمٰن الرحیم کی صفات کا حامل ہے۔ اس نے سورۃ فاتحہ میں اپنی ربوبیت عامہ کا تعارف بھی صفتِ رحمت سے کرایا ہے اور یہ صفت رحمت ایک ایسی صفت ہے جو ہر کمال کو محیط ہے۔ اللہ رب العزت کے ہر فعل سے اس کی یہ صفت یکساں جھلکتی ہے اور اسی بنا پر باری تعالیٰ نے پورے قرآن میں اس صفت کو بار بار بیان کیا ہے۔

الرحمٰن الرحیم کی یہ الوہی صفت ہر انسان کو پیغام دیتی ہے کہ وہ اپنے اندر وصفِ رحمت کا پرتو پیدا کرے۔ صفت رحمت سے انسان کا متصف ہونا ہی اس کی شخصیت کا کمال ہے اور اسی طرح انسان کے اخلاق کا چراغ صفات الہیٰہ سے روشن ہوگا۔

پیکرِ عدالت و امانت: انسان کی شخصیت کو بنانے اور سنوارنے کے لئے ایک ضابطہ اور اصول؛ کردار میں عدالت اور امانت کو پیدا کرنا ہے۔ سورۃ فاتحہ میں مذکور مالک یوم

الدین کا معنی و مفہوم یہی ہے کہ ہر نیکوکار اور ہر بدکار کو اپنے عمل کا صحیح بدلہ جزا اور سزا کی صورت میں مل کر رہے گا۔ کسی کے ساتھ کوئی زیادتی نہ ہوگی۔ یوم الدین صحیح معنوں میں یوم العدل ہوگا۔ جب حقیقی زندگی میں ہر شخص کو وہی مقام ملے جس کا وہ حقیقت میں مستحق اور اہل ہے تو اس عمل کو ہی عدل کہتے ہیں اور اگر حقدار کو صحیح مقام نہ ملے یا غیر اہل کو وہ مقام ملے جس کا وہ حقدار نہ تھا تو اسی کا نام ظلم ہے۔ ظلم کی خصلت انسانوں کی ہے جبکہ اللہ کی سنت اپنی مخلوق پر رحمت و مغفرت کی ہے۔ اس لئے وہ اس حقیقت کو بڑے واشگاف الفاظ میں بیان کرتا ہے (ترجمہ):

"بے شک اللہ لوگوں پر ذرّہ برابر ظلم نہیں کرتا بلکہ لوگ (خود ہی) اپنی جانوں پر ظلم کرتے ہیں۔" (یونس:۴۴)

اللہ تعالیٰ نے جہاں اپنا تعارف رحمٰن و رحیم سے کروایا وہاں مالک یوم الدین کے ذریعے وہ اپنے بندوں کو باور کرا رہا ہے کہ صفت رحمت میری کمزوری بھی نہیں کہ میں عذاب کے حقداروں کو عذاب ہی نہ دوں۔ سن لو! میں جبار و قہار ہو کر ظالموں کو سزا دینے والا ہوں۔ میری رحمت کا تقاضا یہ ہے کہ مظلوموں کو رحمت میسر آئے اور ظالموں کو سزا اور قہر و غضب میسر آئے۔

پیکرِ استغناء: تعمیر ذات اور شخصیت اور کردار کے لئے ایک اور اصول و ضابطہ یہ ہے کہ مسلمان پیکر استغناء ہو اور اپنی عزت نفس کا ہر لمحہ پاسباں ہو۔ یہ ضابطہ انسان کو ایاک نعبد و ایاک نستعین کے انقلاب آفریں کلمات عطا کرتے ہیں۔ انسان پوری دنیا کے ناخداؤں اور فرعونوں کے سامنے ان کلمات کے ذریعے یہ برملا اعلان کرتا ہے کہ نہ تو میرا سر خدا کے سوا کسی اور کے سامنے جھکے گا اور نہ میرا دستِ طلب خدا کے سوا کسی اور کے سامنے دراز ہو سکے گا۔ میں تیرا بندہ ہوں، تیری بندگی ہی میری کل زندگی ہے، میں اس

میں کسی اور کو شریک ہر گز ہر گز نہ کروں گا۔

پیکرِ تواضع و انکساری: انسان کی ذات اور شخصیت کی تعمیر و تشکیل کے لئے قرآن ایک اور ضابطہ سورہ فاتحہ کے ذریعے پیکر تواضع وانکساری اور سراپا عجز و نیاز مندی بننے کا دیتا ہے۔ یہ اصول شخصیت سازی اھدنا الصراط المستقیم کے کلمات کے ذریعے ملتا ہے۔ اس لئے کہ کہیں ایسا نہ ہو کہ استغنا کا تصور رفتہ رفتہ انسان کے اندر تکبر و غرور سے بدل جائے۔ اس لئے کہ استغنا اور تکبر ان دونوں کی سرحدیں قریب قریب ہوتی ہیں اور ان کے درمیان فرق کو بہر طور پیش نظر رکھنا لازمی ہے۔ عدمِ التفات اور بے پروائی کا وطیرہ اگر فرعون صفت، طاقتور اور ظالم و جابر لوگوں کے ساتھ رکھا جائے تو اس کا نام استغناء ہو جاتا ہے اور اس کے بر عکس اگر یہی وطیرہ کمزور غریب اور بے کس و مظلوم افراد کے ساتھ رکھا جائے تو اس کا نام تکبر بن جاتا ہے۔

پیکرِ اعتدال و توازن: انسان کی شخصیت و کردار کی تعمیر کا ایک ضابطہ اور اصول اس کا پیکر اعتدال و توازن ہونا بھی ہے۔ یہ ضابطہ ہمیں قرآن حکیم کے ان کلمات اھدنا الصراط المستقیم صراط الذین انعمت علیہم غیر المغضوب علیہم ولا الضالین سے میسر آتا ہے۔ اس لئے کہ راستے تین طرح کے ہیں

ایک راستہ غضب کا ہے، دوسرا راستہ ضلالت کا ہے اور تیسرا درمیانی راستہ نعمت کا ہے۔

تیسرے راستے یعنی طریقِ نعمت کی مخالفت دو سمتوں سے ہوتی ہے: افراط کی سمت سے اور تفریط کی سمت سے۔

افراط اور تفریط دونوں سے بچاؤ کا راستہ اعتدال اور توازن کا ہے۔ اللہ رب العزت نے امت مسلمہ کو امت وسط بنایا ہے اور اس امت کے ہر فرد اور ہر مسلمان کو بھی اپنی

زندگی میں معتدل اور متوازن رہنے کی تاکید کی ہے۔ اسی حقیقت کو یوں بیان کیا ہے
"اور اے مسلمانو! اسی طرح ہم نے تمہیں (اعتدال والی) بہتر امت بنایا ہے تاکہ تم لوگوں پر گواہ ہو جاؤ۔" (البقرہ: ۱۴۳)

قرآن تمام مسلمانوں کو افراط و تفریط سے ہٹ کر اعتدال کی راہ پر گامزن رہنے کی تلقین کرتا ہے اور یہ بات سمجھاتا ہے کہ اللہ کی رحمت کے حصول کی راہ اعتدال ہے۔ افراط سے انسان خدا کے قہر و غضب کا شکار ہوتا ہے اور تفریط سے انسان گمراہی کے اندھیروں میں ٹھوکریں کھاتا ہے۔ یہ دونوں انتہا پسندی کے راستے ہیں جبکہ اعتدال میانہ روی کا راستہ ہے۔ انسان کے اعضاء و جوارح میں بھی باہمی تناسب اور اعتدال ہے اور انسانی شخصیت کے حسین و جمیل ہونے کا نسخہ بھی صرف اعتدال و توازن ہے۔ حتیٰ کہ باری تعالیٰ نے انسان کو اپنی بول چال، خرچ، طعام، لباس، معاملاتِ زندگی الغرض ہر حوالے سے اعتدال کے وصف کو اختیار کرنے کا حکم دیا ہے۔ اگر اس میں سے یہ اعتدال و توازن ختم ہو جائے تو اسے بدعقیدگی اور بد اعمالی کہتے ہیں۔

پس انسان کی شخصیت کی کل خوبصورتی اعتدال اور توازن سے ہی قائم ہوتی ہے بصورت دیگر انسانی شخصیت غیر متوازن ہو کر رہ جاتی ہے۔

٭ ٭ ٭

کتب خانوں کی تاریخ، تنظیم اور ان کا دائرہ کار

کتب خانے

لفظوں کے روشن مینار

مرتبہ : مکرم نیاز

بین الاقوامی ایڈیشن منظر عام پر آچکا ہے